D0711025

COLLECTION FOLIO

Annie Ernaux

« Je ne suis pas sortie de ma nuit »

Gallimard

Annie Ernaux a passé son enfance et sa jeunesse à Yvetot, en Normandie. Elle est professeur de lettres et vit à Cergy, une ville nouvelle de la région parisienne.

Elle a publié *Les armoires vides* (1974), *Ce qu'ils disent ou rien* (1977), *La femme gelée* (1981), *La place* (prix Renaudot 1984), *Une femme* (1988), *Passion simple* (1992) et *Journal du dehors* (1993), *La honte* et *« Je ne suis pas sortie de ma nuit »* (1997).

Ma mère a commencé de présenter des pertes de mémoire et des bizarreries de comportement deux ans après un grave accident de la circulation — elle avait été fauchée par une voiture brûlant un feu rouge — dont elle s'était parfaitement remise. Pendant plusieurs mois, elle a pu continuer de vivre d'une manière autonome dans la résidence pour personnes âgées où elle occupait un studio, à Yvetot, en Normandie. L'été 83, au plus fort de la canicule, elle a été prise d'un malaise et hospitalisée. On a découvert qu'elle ne mangeait ni ne buvait depuis plusieurs jours. Son frigidaire ne contenait qu'un paquet de sucre en morceaux. Il était impossible qu'elle reste seule désormais.

J'ai décidé de l'emmener chez moi, à Cergy, persuadée que dans ce cadre qui lui était familier, avec la présence de mes grands fils, Éric et David, qu'elle m'a aidée à élever, ses troubles disparaîtraient, qu'elle redeviendrait la femme dynamique et indépendante qu'elle était encore si peu de temps auparavant.

Il n'en a rien été. La détérioration de sa mémoire s'est poursuivie et le médecin a évoqué la maladie d'Alzheimer. Elle a cessé de reconnaître les lieux et les personnes, mes enfants, mon ex-mari, moi-même. Elle est devenue une femme égarée, parcourant la maison en tous sens ou demeurant assise des heures sur les marches de l'escalier dans le couloir. En février 84, devant sa prostration et son refus de s'alimenter, le médecin l'a fait transporter à l'hôpital de Pontoise. Elle y a séjourné deux mois, effectuant ensuite un bref passage dans un établissement privé avant d'être admise de nouveau à l'hôpital de Pontoise, dans le service de gériatrie où elle est décédée d'une embolie en avril 86, à soixante-dix-neuf ans.

C'est dans la période où elle était encore chez moi que je me suis mise à noter sur des bouts de papier, sans date, des propos, des comportements de ma mère qui me remplissaient de terreur. Je ne pouvais supporter qu'une telle dégradation frappe ma mère. Un jour, j'ai rêvé que je lui criais avec colère : « Arrête d'être folle ! » Par la suite, quand je revenais de la voir à l'hôpital de Pontoise, il me fallait à toute force écrire sur elle, ses paroles, son corps, qui m'était de plus en plus proche. J'écrivais très vite, dans la violence des sensations, sans réfléchir ni chercher d'ordre.

Sans cesse, partout, j'avais l'image de ma mère en ce lieu.

Fin 85, j'ai entrepris un récit de sa vie, avec culpabilité. J'avais l'impression de me placer dans le temps où elle ne serait plus. Je vivais aussi dans le déchirement d'une écriture où je l'imaginais, jeune, allant vers le monde, et le présent des visites qui me ramenait à l'inexorable dégradation de son état.

À la mort de ma mère j'ai déchiré ce début de récit, en recommençant un autre qui est paru en 88, *Une femme.* Durant tout le temps que j'ai écrit ce livre, je n'ai pas relu les pages rédigées pendant la maladie de ma mère. Elles m'étaient comme interdites : j'avais consigné ses derniers mois, ses derniers jours, l'avant-dernier même, sans savoir qu'ils l'étaient. Cette inconscience de la suite — qui caractérise peut-être toute écriture, la mienne sûrement — avait ici un aspect effrayant. D'une certaine façon, ce journal des visites me conduisait vers la mort de ma mère.

Longtemps, j'ai pensé que je ne le publierais jamais. Peut-être désirais-je laisser de ma mère et de ma relation avec elle, une seule image, une seule vérité, celle que j'ai tenté d'approcher dans *Une femme.* Je crois maintenant que l'unicité, la cohérence auxquelles aboutit une œuvre — quelle que soit par ailleurs la volonté de prendre en compte les données les plus contradictoires — doivent être mises en danger toutes les fois que c'est possible. En rendant publiques ces pages, l'occasion s'en présente pour moi.

Je les livre telles qu'elles ont été écrites, dans la stupeur et le bouleversement que j'éprouvais alors. Je n'ai rien voulu modifier dans la transcription de ces moments où je me tenais près d'elle, hors du temps — sinon peut-être celui d'une petite enfance retrouvée —, de toute pensée, sauf : « c'est ma mère ». Ce n'était plus la femme que j'avais toujours connue au-dessus de ma vie, et pourtant, sous sa figure inhumaine, par sa voix, ses gestes, son rire, c'était ma mère, plus que jamais.

En aucun cas, on ne lira ces pages comme un témoignage objectif sur le « long séjour » en maison de retraite, encore moins comme une dénonciation (les soignantes étaient, dans leur majorité, d'un dévouement attentif), seulement comme le résidu d'une douleur.

« Je ne suis pas sortie de ma nuit » est la dernière phrase que ma mère a écrite.

Souvent, je rêve d'elle, telle qu'elle était avant sa maladie. Elle est vivante mais elle *a été morte.* Quand je me réveille, pendant une minute, je suis sûre qu'elle vit réellement sous cette double forme, morte et vivante à la fois, comme ces personnages de la mythologie grecque qui ont franchi deux fois le fleuve des morts.

Mars 96

1983

décembre

Elle reste assise sur une chaise, dans la salle de séjour. Prostrée, le visage immobile, relâché. Pas la bouche ouverte mais comme si elle était ouverte, de loin.

« Je n'arrive pas à mettre la main dessus », dit-elle (sa trousse de toilette, son gilet, tout). Les choses lui échappent.

Elle veut voir la télé tout de suite. Il lui est impossible d'attendre que j'aie débarrassé la table. Maintenant elle ne comprend plus rien, que son désir.

Chaque soir, nous montons la coucher, David et moi. À l'endroit où le parquet devient de la moquette, elle lève haut la jambe, comme si elle entrait dans l'eau. On rit, elle rit aussi. Tout à l'heure, une fois qu'elle a été dans son lit, joyeuse, qu'elle a renversé tous les objets de la table de nuit en voulant se mettre de la crème, elle me dit : « Je vais dormir, merci MADAME. »

Le docteur est venu. Elle n'a pas pu dire son âge. Elle s'est très bien souvenue qu'elle avait eu deux enfants. « Deux filles », a-t-elle précisé. Elle avait enfilé deux soutiens-gorge l'un par-dessus l'autre. Je me suis rappelé le jour où elle avait découvert que j'en portais un sans que je le lui aie dit. Ses cris. J'avais quatorze ans, c'était en juin, un matin. J'étais en combinaison et me lavais la figure.

J'ai recommencé d'avoir mal à l'estomac. Je n'ai plus de colère contre elle, ses pertes de mémoire. Une grande indifférence.

Nous sommes allées au centre commercial. Elle a voulu acheter le sac le plus cher de la Bagagerie, un sac de cuir noir. Elle répétait : « Je veux le plus beau, c'est mon dernier sac. »

Ensuite je l'ai emmenée à la Samaritaine. Une robe et un cardigan, cette fois. Elle marche lentement et je dois la guider. Elle rit sans raison. Les vendeuses nous regardent bizarrement, paraissent gênées. Je ne le suis pas, je les toise avec arrogance.

Elle a demandé à Philippe, anxieusement : « Qui êtes-vous par rapport à ma fille ? » Il s'esclaffe : « Son mari ! » Elle rit.

1984

janvier

Toujours, elle confond sa chambre et mon bureau. Elle ouvre la porte de celui-ci, s'aperçoit de son erreur, referme doucement, je vois la clenche remonter, comme s'il n'y avait personne derrière la porte. Une sorte d'angoisse. Dans une heure, cela recommencera. Elle ne sait plus où elle est.

Elle cache ses culottes souillées sous son oreiller. Cette nuit, j'ai pensé à ses culottes pleines de sang qu'elle enfouissait sous la pile de linge sale dans le grenier jusqu'au jour de la lessive. J'avais sept ans environ, je les regardais, fascinée. Et maintenant, elles sont pleines de merde.

Ce soir, je corrigeais des copies. Sa voix s'est élevée, calme, comme au théâtre, dans le séjour à côté. Elle parlait à une enfant invisible : « Il est tard, ma petite fille, il faut rentrer chez toi. » Elle riait, tout enjouée. J'ai mis mes mains sur mes oreilles, il m'a semblé que je sombrais dans quelque chose d'inhumain. Je ne suis pas au théâtre, C'EST MA MÈRE QUI PARLE TOUTE SEULE.

J'ai trouvé une lettre qu'elle avait commencée : « Chère Paulette, je ne suis pas sortie de ma nuit. » Maintenant, elle ne peut plus écrire. Ce sont comme les mots d'une autre femme. C'était il y a un mois.

février

À table, elle parle comme si elle était employée dans une ferme, mes fils, des commis et moi la patronne. Elle ne veut rien d'autre que des petits-suisses et des sucreries.

Isabelle (ma nièce) a déjeuné chez nous dimanche, pouffant à tous les propos aberrants de ma mère. Nous seuls avons le droit de rire des choses folles de ma mère, nous, les enfants, moi, pas elle. Pas les gens extérieurs. Éric et David disent : « Elle est trop, grand-mère ! » Comme si, dans sa démence, elle restait encore extraordinaire.

Elle s'est levée ce matin et d'une petite voix : « J'ai fait pipi au lit, ça m'a échappé. »

Les mots que je disais quand cela m'arrivait dans mon enfance.

Samedi, vomi son café. Elle était couchée, inerte. Ses yeux avaient rapetissé, ils étaient bordés de rouge. Je l'ai déshabillée pour la changer. Son corps est blanc et mou. Après, je pleure. C'est à cause du temps, d'autrefois. Et c'est aussi mon corps que je vois.

J'ai peur qu'elle meure. Je la préfère folle.

lundi 25

Nous avons attendu deux heures aux urgences, ma mère couchée sur un brancard. Elle a fait pipi. Un garçon avait voulu se suicider aux barbituriques. Nous sommes entrées dans la pièce des consultations, ma mère a été allongée sur la table. L'interne a relevé sa chemise jusqu'au ventre. Ses cuisses, son sexe blanc, quelques vergetures. D'un seul coup, ce fut comme si c'était moi, exhibée ainsi.

Pensé à la chatte qui est morte quand j'avais quinze ans, elle avait uriné sur mon oreiller avant de mourir. Et au sang, aux humeurs que j'avais perdus avant d'avorter, il y a vingt ans.

mars
jeudi 15

Dans le couloir de l'hôpital — non, dire la maison de retraite de l'hôpital, premier étage — j'entends : « Annie ! » C'est elle qui m'appelle, on l'a changée de chambre. Comment a-t-elle reconnu ma silhouette, elle ne voit plus, ou si mal (sa cataracte). Quand j'entre dans la chambre, elle dit « je suis sauvée ». Sans doute cela veut dire « parce que tu es là ». Elle me raconte toutes sortes de faits, avec des détails précis : les travaux qu'on l'oblige à faire, sans la payer, sans lui donner à boire. Une affabulation débordante. Mais elle me reconnaît toujours maintenant, à l'inverse du temps où elle était chez moi.

samedi 17

M'accueille très mal. Renfrognée : « Tes visites ne me font pas plaisir ! Comment tu te conduis, tu n'as pas honte ? » Je suis dans une stupeur sans nom, je viens de passer la nuit avec A., à faire l'amour. Comment SAIT-ELLE ? La croyance de mon enfance me submerge, son œil capable de tout voir, comme Dieu, dans la tombe de Caïn. Elle ajoute : « C'est pas possible, on t'avait donné de la drogue ! » Plus tard : « Je me dis que le monde est devenu fou ! » Je ris, soulagée en partie. Jamais femme ne sera plus proche de moi, jusqu'à être comme en moi.

dimanche 18

Il était sept heures du soir, elle dormait déjà. Je l'ai réveillée. Elle croit que sa voisine de lit est un petit garçon, qui vient de se noyer dans un bassin : « Les gendarmes étaient assis devant, sur un banc. Ils n'ont rien fait pour le sauver. » Brusquement, elle me dit : « Alors c'est dans quinze jours le mariage ? » (Or, demain, je vois l'avocate pour demander le divorce.)

mardi 28

Ses mains déformées. L'index, proéminent dès la jointure, ressemble à une serre d'oiseau. Elle croise les doigts, les frotte. Je ne peux pas détacher mes yeux de ses mains. Sans un mot, elle me quitte pour aller dîner. Au moment où elle entre dans la salle à manger, je suis « elle ». Immense douleur de voir sa vie finir ainsi.

avril
mercredi 4

Je me suis assise dans son fauteuil, et elle, sur une chaise. Impression terrible de dédoublement, je suis moi et elle. Elle a mis du pain dans ses poches, la vieille peur de manquer, d'avoir faim (des morceaux de sucre autrefois, toujours dans la poche, le sac). Elle se plaint de ne pouvoir communiquer avec personne, que les hommes ne pensent qu'à courir après les femmes. Les hantises de toute sa vie.

dimanche 8

Vendredi, je suis passée à *Apostrophes.*

Aujourd'hui, elle était dans une autre chambre, avec deux grabataires, muettes. On l'avait attachée sur son fauteuil. Elle avait très mal aux yeux et se passait continuellement de la salive sur les paupières. Elle m'a raconté qu'il y avait eu un hold-up dans la nuit mais « ils nous ont laissé la vie, c'est le principal ». Je l'ai détachée pour la promener dans le couloir et montrer ses yeux à l'infirmière. Cette horreur de la voir nue, de dos, quand je la soulève, avec ce sarrau qui s'ouvre complètement par-derrière.

Dans le couloir, j'ai vu, par la porte entrebâillée d'une chambre, une femme les jambes en l'air. À côté, une femme gémissait exactement comme dans la jouissance.

Tout était hallucinant ce soir, et il faisait un grand soleil.

samedi 14

Elle mange la tarte aux fraises que je lui ai apportée, en piquant les fruits au milieu de la crème. « Ici, je ne suis pas considérée, on me fait travailler comme une négresse, on est mal nourris. » Ses obsessions, la peur des pauvres que j'ai oubliée.

En face de nous, une femme décharnée, spectre de Buchenwald, est assise, très droite, avec des yeux terribles. Elle relève sa chemise, on voit la couche-culotte appliquée sur son sexe. Les mêmes scènes à la télé font horreur. Pas ici. Ce n'est pas l'horreur. Ce sont des femmes.

dimanche de Pâques

Quand j'arrive, elle est couchée. Je la rase. Les deux autres femmes de la chambre ne parlent pas. Odeur de pipi, de merde. Il fait très chaud. J'entends crier dans la chambre voisine : c'est l'ancienne compagne de ma mère à l'hôpital, Mme Plassier. Se dire : c'est Pâques ! Les voitures défilent sur l'autoroute. Retours d'un beau dimanche. La voisine de ma mère est étendue, la main sur son sexe. C'est au-delà de la tristesse.

jeudi 26

Scène difficile. Elle croit que je viens la chercher, qu'elle va partir d'ici. Sa déception est immense, elle ne peut plus avaler quoi que ce soit. Remords affreux. Quelquefois, pourtant, tranquillité : c'est ma mère et ce n'est plus elle.

Entendu Zouc : « Il faut que les gens soient morts pour être sûre de ne plus être sous leur dépendance. »

dimanche 29

Je la rase et lui coupe les ongles des mains. Celles-ci étaient sales. Sa lucidité : « Je resterai ici jusqu'à ma mort. » Et :

«J'avais tout fait pour que tu sois heureuse et tu ne l'as pas été davantage pour ça.»

mai
mardi 8

Ma mère était couchée, minuscule, la tête renversée comme les dimanches après-midi dans mon enfance (est-ce que je détestais cela ?), les jambes en l'air (idem mon enfance). Elle avait une couche. Sa honte, «j'ai mis ça pour ne pas salir». Sa colère aussi, sans trace des vertus chrétiennes qu'elle vénérait : «Avoir travaillé toute sa vie et finir comme ça !» Son regard est opaque, fou. Ses traits sont bien les siens, son nez, ses lèvres au joli dessin régulier.

J'ai pensé au 8 mai 58, il y a vingt-six ans. J'étais allée en ville sous une pluie ininterrompue, pour attendre Guy D. Je ne l'avais pas vu. J'avais un parapluie rouge et un manteau de loden.

Quand j'ai repris l'ascenseur, elle était

devant. Les portes se sont refermées et elle parlait encore. Un moment insupportable.

dimanche 13

Ici, à Us[1], pire qu'à Pontoise. La garde me dit avec reproche : « Elle a fait pipi, elle en a mis partout dans la chambre. »

Mon sadisme me fait horreur. J'ai obligé ma mère à mettre son corset, ses bas. Elle lace malhabilement son corset. Ses jambes sont maigres, on lui a mis une culotte en interlock « Petit-bateau ». Elle m'obéit craintivement. Cette scène me poursuit, je vois ma mère avec son regard dément, j'ai une envie de pleurer énorme qui ne peut pas éclater (seulement à sa mort?). Mon sadisme d'aujourd'hui me ramène à celui de mon enfance, avec d'autres petites filles. Sadique peut-être parce qu'elle me terrorisait.

1. Village du Val-d'Oise où se trouve une maison de retraite privée.

jeudi 17

Je suis allée la chercher à Us. Elle est admise définitivement au service de gériatrie de Pontoise. Elle se promène peut-être pour la dernière fois en voiture, elle ne le sait pas. Quand nous arrivons dans la cour de l'hôpital, son visage se défait. Je comprends qu'elle croyait revenir chez moi. Sa chambre est maintenant au troisième étage. Un cercle de femmes nous entoure, elles tutoient ma mère. « Tu vas être avec nous ? » On dirait des gamines avec une « nouvelle » à l'école. Quand je pars, elle me regarde d'un air perdu, affolé : « Tu t'en vas ? »

Tout est renversé, maintenant, elle est ma petite fille. Je ne PEUX pas être sa mère.

vendredi 18

Elle dormait en combinaison. Le réseau de ses veines bleues sur sa poitrine. La peau de l'intérieur de ses bras froissée comme le dessous des champignons. Je l'éveille doucement. Ensuite, elle ne cesse d'agresser sa voisine de lit, une grosse femme placide. L'infirmier vient, nous parle, un garçon jeune et barbu, soixante-huitard. Ma mère, après son départ, se tourne vers sa voisine avec jalousie : « Alors, tu es contente, tu l'as vu ton petit docteur ! » L'homme — tant mieux — encore et toujours dans la tête. Femme de devoir hantée de désirs sans doute.

mardi 22

« J'ai rêvé de Victor Hugo, il était venu faire une visite dans le village. Il s'est arrêté pour me parler. » Elle rit en se souvenant de son rêve. Choisie par le grand poète, élue, comme c'est bien elle.

Son visage se bouffit, change. Je lui avais apporté du cidre, qu'elle désirait. On est venu me dire solennellement que toute boisson alcoolisée était interdite.

vendredi 25

Sa seconde paire de lunettes est perdue. Je lui demande où elle l'a mise, elle s'endort. Je la touche comme un petit enfant pour la première fois, dans son sommeil. Au-dehors, le mois de mai. La rosée de mai, qu'elle cueillait sur un gant de toilette et dont elle me frottait la figure, pour que j'aie un beau teint. À ma première communion, en mai, elle avait quêté, en tailleur noir, avec une grande capeline, des chaussures à hauts talons, avec des brides, « une belle femme ». Elle avait quarante-cinq ans. J'ai un an de moins. Elle dormait les yeux ouverts, ses jambes très blanches découvertes, son sexe visible. Je pleure. À côté, la vieille refait indéfiniment son lit, pliant la couverture, la dépliant. Femmes.

juin
dimanche 3

Elle est dans la salle à manger, face à une autre femme, qu'elle regarde avec un sourire affreux, mélange de curiosité et de sadisme (où et quand lui ai-je vu ce sourire ?). La femme a les yeux embués de larmes, comme hypnotisée par ma mère, son air de curiosité perverse. Toutes les femmes sont folles aujourd'hui. Celle qui partage maintenant la chambre de ma mère criait « une tartine de pain s'il vous plaît ! » sans arrêt. Une autre parlait seule dans le couloir. Une immense agitation, mystérieuse.

jeudi 7

« Finir mes jours ici », à chaque fois. Jalousie toujours vivace vis-à-vis de ma belle-mère : « Si ç'avait été la mère de Raymond (elle veut sans doute dire Philippe, mon mari) on lui aurait fait une petite place. » La vieille femme qui partage la chambre de ma mère me terrifie. Dès que je suis apparue sur le seuil, elle a crié : « Je veux aller aux cabinets ! » Je l'y ai menée. Une fois sortie, elle crie de plus belle, sa couche à la main, et me demande de lui remettre sa culotte. Je le fais. Il faut aussi la moucher. Ma mère regarde, dit : « Elle est terrible. Elle a déjà eu trois enfants. »

vendredi 15

À mon arrivée, elle était assise près de l'ascenseur, hagarde. Elle parlait si bas que je l'entendais à peine. Dans le couloir vers sa chambre, elle marchait à demi courbée. Elle émiettait son macaron sans le manger. J'ai envie de pleurer en voyant cette demande d'amour qu'elle a envers moi, qui ne sera jamais plus satisfaite (je l'ai tant aimée dans mon enfance). Je pense à ma propre demande d'amour vis-à-vis de A. maintenant, alors qu'il me fuit.

Quand je reprends l'ascenseur, j'aperçois son visage entre les deux portes qui se referment brutalement et qui semblent la supprimer dans un claquement.

Répétition de ces visites, toujours identiques : nous sommes assises l'une en face de l'autre, quelques phrases, plus ou moins normales. Je connais les autres femmes. L'une arpente sans cesse le couloir d'un pas rapide, très droite, assez jeune. Elle ressemble à l'horloge détraquée de *L'enfant et les sortilèges* de Ravel. Aujourd'hui, j'ai vu qu'elle avait un mari, la soixantaine, en costume bleu, les yeux rouges.

Une infirmière hurle au téléphone : « Y'a un mourant ? »

samedi 23

Dans le hall du rez-de-chaussée, il y a toujours un vieil homme en pyjama qui essaie de téléphoner. L'autre jour, il m'a montré un numéro sur un papier. Je l'ai composé pour lui, ce n'était pas le bon. Toute la journée, il veut joindre quelqu'un, un de ses enfants peut-être, ou un organisme. Espérant, chaque matin.

La petite vieille à côté de ma mère avait de la morve qui dégoulinait sur sa blouse. Ma mère, prostrée, ne voyait rien. Devenue murée aux autres. Elle perd toutes ses affaires personnelles, mais elle ne les cherche plus. Elle a renoncé. Je me rappelle son effort désespéré chez moi pour retrouver sa trousse de toilette, avoir encore prise sur le monde au travers des choses. Cette indifférence actuelle me serre le cœur. Elle n'a plus rien. Sa montre, son eau de toilette ont disparu. Que manger, maintenant.

Je rencontre les mêmes visiteurs, peu.

juillet
jeudi 12

Retour d'Espagne. Elle se lève brusquement de table en me voyant apparaître à la porte de la salle à manger (autrefois, sous le préau du pensionnat, je me dressais en la reconnaissant, dans le haut des marches : le même bonheur). Elle dit très fort : « Je vous présente ma fille ! » avec orgueil. Les femmes autour disent : « Elle est belle ! » Je sens comme elle est heureuse. Nous descendons dans le jardin, nous nous asseyons sur un banc. J'ai pensé à une visite que j'avais faite avec elle, à dix ans, à un oncle opéré de la prostate. C'était à l'Hôtel-Dieu de Rouen. Il y avait du soleil, des hommes et des femmes en robe de chambre prune se promenaient : j'étais si triste et si contente que ma mère soit là, forte et protectrice contre la maladie et la mort.

Nous avons repris l'ascenseur. Dans la glace au fond, je nous voyais, elle toute courbée. Ce qui comptait, c'était qu'elle soit vivante, à côté de moi.

jeudi 26, Boisgibault

J'ai pensé qu'elle n'avait jamais eu de gestes de complaisance ou d'amour vis-à-vis de son corps. Elle n'a jamais touché son visage, ses cheveux, ses bras comme moi, glissé une main dans l'échancrure de sa blouse. Un corps de fatigue. Elle s'affalait sur une chaise le soir.

Une femme violente, avec une seule grille d'explication du monde, celle de la religion.

Je me demande si je pourrais faire un livre sur elle comme *La place*. Il n'y avait pas de réelle distance entre nous. De l'identification.

août
samedi 11

Satisfaction profonde d'aller voir ma mère aujourd'hui comme si j'allais saisir une vérité me concernant. Aveuglant : elle est ma vieillesse, et je sens en moi menacer la dégradation de son corps, ses rides sur les jambes, son cou froissé dévoilé par la coupe de cheveux qu'on vient de lui faire. Elle revit toujours ses peurs, l'aliénation ne l'a jamais quittée : « La patronne n'est pas commode, on est mal payés avec tout le travail qu'on a », etc. Elle mange bruyamment ce que je lui ai apporté.

Nourriture, urine, merde, c'est ce mélange d'odeurs qui frappe dès la sortie de l'ascenseur. Souvent, les femmes sont deux par deux, l'une dominant l'autre. Ainsi, il y a une femme très grande, droite, qui force une autre, petite, courbée, traînant ses chaussons, à marcher dans le couloir, dans un sens puis dans l'autre. C'est une cage. Ma mère est solitaire.

Quand je reprends l'ascenseur, je me regarde encore dans la glace pour me rassurer.

lundi 20

Je viens la voir, je suis jeune encore, j'ai des histoires d'amour. Dans dix ou quinze ans, je viendrai encore et je serai vieille à mon tour.

Elle cherchait aujourd'hui ce qu'elle pourrait acheter, des choses, des vêtements. Mais elle ne peut plus avoir *rien* à elle. La tenue qu'elle porte est celle de l'hôpital, plus facile à laver quand elle la souille. Elle a perdu tous les vêtements apportés en arrivant, ses lunettes, dont elle avait tant de soin chez moi, il y a six mois. Ici, ce qui se perd ne se retrouve jamais. Indifférence : de toute façon elles vont mourir. Infirmière-chef, aux cheveux noirs en casque, grande, hautaine.

La femme-horloge a croisé un vieil homme : elle lui a pris la main, l'a portée à sa bouche, puis elle est passée. Deux autres, se tenant par la main, marchant dans le couloir, m'ont saluée à deux reprises en s'arrêtant devant moi : « Bonjour madame ! » Comme si elles avaient oublié qu'elles venaient de le faire ou bien ne me reconnaissaient pas.

vendredi 24

Je projette de donner les vêtements de ma mère restés chez moi au Secours catholique, ou de les vendre aux puces de Pontoise. Culpabilité. Sa boîte à coudre, à boutons, son dé, ce que je garderai d'elle.

Éviter, en écrivant, de me laisser aller à l'émotion.

mercredi 29

Je me suis aperçue qu'entre deux visites je l'oubliais. Elle a dit : « J'espère qu'il arrivera à se mettre à l'eau. — Quoi, maman ? — Le poisson que j'espère avoir un jour. » Puis, à un autre moment : « Je crains que ça ne soit irréversible. » Ses mains et son corps étaient très froids. Ce regard des aliénés.

septembre
lundi 3

J'ai relu *Les armoires vides*, pour le passage du livre en Folio. À la fin, image d'elle quand j'avais cinq ans, je l'appelais VANNÉ.

mercredi 5

À l'intérieur, une chaleur identique, été comme hiver. Le temps a disparu. Toutes les femmes sont en tablier, à fleurs, à rayures, transformées en servantes. L'une d'elles, grande et forte, avec un magnifique port de tête, un châle, ressemble à la Françoise de Proust.

Ma mère : « Tu ne t'ennuies pas trop chez toi ? » Quand elle parle de moi, c'est d'elle qu'il s'agit. Comme elle doit s'ennuyer ! Ou bien ce mot n'a-t-il plus de sens pour elle ? Que se rappelle-t-elle maintenant de sa vie ? Qu'est sa vie pour elle ?

mardi 11

J'ai rêvé d'elle, elle avait fait pipi dans sa culotte. Dans la réalité, la première fois, mon bouleversement terrible.

Je dois la raser à chaque visite. À la fête de l'Huma, j'étais à côté d'une transsexuelle, à la peau bleutée. Rapprochement inconscient avec ma mère.

Elle ne comprenait aujourd'hui aucune question. « Tu dors bien ? — Oui oui c'est propre. » Racontant en détail tout ce qu'elle a fait depuis le matin, des courses dans les magasins, il y avait trop de monde, etc., comme si elle menait une vie normale. Cette force de l'imaginaire, pour compenser. Et puis, ultimement : « Je ne sortirai pas d'ici longtemps de ce bordel. »

lundi 17

En rasant son visage froid, mais vivant, en voyant son regard éteint, je me disais : « Où sont les yeux de mon enfance, ses yeux d'il y a trente ans, terribles, ses yeux qui m'ont faite ? »

Quand je suis entrée dans la salle à manger, elle essuyait inlassablement la table avec la main.

Avec son tablier à fleurs, elle ressemble maintenant à Lucie, la femme qui venait laver chez nous, à Lillebonne, et n'avait plus de dents. Ma mère non plus n'a pas de dents, son dentier est perdu.

Au courrier, cette semaine, il y avait une lettre pour ma mère. *France Million,* les nouvelles de la Chance. À côté d'une photo d'Anne-Marie Peysson, tout sourire, était écrit : « Est-ce à Mme Blanche Duchesne qu'Anne-Marie Peysson va remettre le chèque de 25 millions de centimes ? » Un fac-similé du chèque au nom de ma mère figurait en bas et aussi : « Unique au monde, le portrait électronique de Mme Blanche Duchesne », portrait qui « prend du relief lorsqu'on l'observe à un mètre de distance ». À un mètre, on distinguait les contours d'un visage jeune, à la bouche pulpeuse. Le nom de ma mère était répété une centaine de fois, pour l'assurer qu'elle était choisie, qu'elle allait gagner si elle répondait avant le 5 octobre. Cons. Attraper A.-M. Peysson par la peau du cou et la traîner au « long séjour » de l'hôpital de Pontoise.

dimanche 23

Dans le train, il y a quelques jours, une religieuse aux yeux brillants, protubérants, fixait le monde. C'était le visage de l'Inquisition. J'ai pensé avec malaise à ma mère.

L'infirmière m'a dit qu'elle parlait toujours de moi, seulement de moi. Culpabilité. Je remarque aussi qu'elle se prend souvent pour moi.

Je suis née parce que ma sœur est morte, je l'ai remplacée. Je n'ai donc pas de moi.

samedi 29

Quand je suis arrivée dans la salle à manger, tout le monde regardait la télé. *Elle seule* a tourné la tête : elle m'attend toujours.

Le pire, imprévisible. J'ai ouvert le tiroir de sa table de nuit pour vérifier s'il lui restait des biscuits. J'ai cru voir un gâteau : je l'ai pris. C'était un étron. J'ai refermé le tiroir dans la confusion la plus atroce. Ensuite, j'ai pensé que si je laissais l'étron dans le tiroir, on le trouverait et qu'inconsciemment je devais souhaiter qu'on le trouve pour qu'on constate combien ma mère était bas. J'ai pris un papier et je suis allée le porter au W.-C. Un épisode de mon enfance m'est revenu, j'avais caché un excrément dans le buffet de la chambre par paresse de descendre aux cabinets de la cour.

Elle ne dit aujourd'hui que des choses folles : « On a changé les "a" et les "o" dans les mots », « Marie-Louise vient me voir souvent ». Marie-Louise, sa sœur, est morte depuis vingt ans.

octobre
dimanche 7

Je viens la voir le dimanche désormais. À la télé, c'est *L'école des fans* de Jacques Martin. Des enfants chantent. Les vieillards regardent. Quand je suis entrée avec ma mère dans sa chambre, une insupportable odeur de merde m'a suffoquée. Nous nous sommes assises l'une en face de l'autre. L'autre femme glapissait à son habitude « un gâteau s'il vous plaît ». Personne ne vient la voir. En m'approchant d'elle, j'ai aperçu un énorme tas de merde près de son fauteuil. La femme de service que j'appelle m'assure que ce n'est ni la vieille — qui a ses couches — ni ma mère qui ont fait cela. Il paraît qu'un vieux entre dans n'importe quelle chambre et fait sa commission par terre.

Encore cette fois, j'essaie d'entrer dans l'ascenseur, de le faire démarrer avant qu'elle m'ait rejointe et que les portes se referment sur son visage. Cette douleur, tout le temps. Pourtant, à la pâtisserie du village, ce matin, une femme a envoyé une claque retentissante à une petite fille. L'enfant, humiliée, orgueilleuse, ne pleure pas. Visage fermé de la mère, dur. Cette scène me bouleverse, me rappelle ma mère me giflant pour un oui pour un non.

vendredi 12

Je me souviens du temps où ma mère était chez moi, de septembre à février, de ma cruauté inconsciente (?), de mon refus absolu qu'elle devienne cette femme sans mémoire, apeurée, accrochée à moi comme une enfant. C'était pourtant moins horrible que maintenant. Elle avait des désirs, de l'agressivité.

Pour la première fois, je me suis représenté clairement sa vie ici, en dehors de mes visites, les repas dans la salle, l'attente. Je me prépare des tonnes de culpabilité pour l'avenir. Mais la garder avec moi était cesser de vivre. Elle ou moi. Je me rappelle la dernière phrase qu'elle a écrite : « Je ne suis pas sortie de ma nuit. »

Répugnance à mettre des affaires qu'elle a laissées, sa liseuse, etc. Envie de les garder, comme dans un musée.

Constamment, je compare le teint, les jambes des autres vieilles femmes à ceux de ma mère : savoir « où elle en est ».

vendredi 19

Souvenir du corset qu'elle portait, qui lui emprisonnait le bas du corps de dessous les seins jusqu'au milieu des fesses. J'apercevais la raie à travers les lacets croisés.

jeudi 25

Lu le *Manuel des confesseurs*, un vieux bouquin donné par A. Souvenir du regard de ma mère, quand j'étais enfant : elle, le confesseur.

dimanche 28

« Acolyte », un mot qu'elle aimait employer en parlant des compagnons de beuverie de certains clients. Montrer qu'elle connaissait des mots difficiles. C'est une femme qui n'a jamais supporté d'être humiliée.

Images de moi, à seize ans : les garçons,

l'espérance de l'amour fou, continuelle. Et puis, elle, « garde-folle » : « Tu es trop jeune ! Tu as bien le temps ! » On n'a jamais le temps.

Écrire sur sa mère pose forcément le problème de l'écriture.

lundi 29

Elle est encore plus rétrécie, hagarde. On ne lui a mis que son tablier ouvert par-derrière, découvrant son dos, ses fesses, la culotte en résille. Il fait un soleil magnifique à travers les vitres à double vitrage. Je songe à ma chambre de la cité universitaire, il y a vingt ans. Maintenant, je suis ici, avec elle. On ne sait rien imaginer.

La petite vieille a voulu aller aux chiottes, sur ses jambes minuscules, tortes, toujours glapissante. Elle y est restée longtemps, pendant que j'étais à côté de ma mère. Je me suis souvenue d'une crise d'entérite que j'avais eue en classe de seconde, je lisais *La nausée.* Comme cette petite vieille, je me recroquevillais autour de mon ventre douloureux. C'était un mois de février plein de soleil et froid.

mercredi 31

Je pense beaucoup à elle en ce moment, parce que cela fait un an que « les choses se passaient », c'est-à-dire que commençait vraiment la dégradation.

J'ai rêvé de cette maison de Cergy, devenue domaine public (très fréquent). Une femme de ménage traversait le jardin, en imper (double de ma mère ?). Celle-ci apparaissait et je lui disais : « Arrête d'être folle ! »

Souvenir : le cousin de ma mère, charcutier près de Rouen, lui disait en riant : « Je vais vous fouetter sous la chemise ! »

novembre
dimanche 4

La petite vieille de la chambre de ma mère se met à uriner debout derrière son lit au moment où j'arrive, puis elle pleure : « J'ai fait pipi. » Dans la salle à manger une femme chante continuellement ce qu'elle est en train de faire, à la troisième personne : « Elle range du linge la la la. » Toutes ces chairs blanches.

samedi 24

J'ai envie de tuer la petite vieille de la chambre de ma mère, toujours à crier d'une façon suraiguë. J'ai acheté des chaussons pour ma mère, en expliquant au marchand que j'avais besoin de plusieurs paires, pour les essayer. Sa mère aussi est atteinte de la maladie d'Alzheimer, il en parle à voix basse, il a honte. Tout le monde a honte.

Je l'ai rasée, lui ai coupé les ongles. Nous avons essayé les chaussons. Elle était comme terrorisée, peur que je la gronde parce qu'elle ne comprenait pas mes paroles, « enfonce ton pied, etc. ».

C'est par cela, la maladie de ma mère, puis la rencontre de A., que j'ai renoué avec l'humanité, la chair, la douleur.

Image persistante : une grande fenêtre ouverte, une femme — moi dédoublée — regarde le paysage. Un paysage ensoleillé d'avril, qui est l'enfance. Elle est devant une fenêtre ouverte sur l'enfance. Cette vision me fait toujours penser à un tableau de Dorothea Tanning, *Anniversaire.* On voit une femme aux seins nus et derrière elle des portes ouvertes à l'infini.

décembre
dimanche 2

Ma mère a une sorte d'ombre noire sur son visage. C'est celle — je m'en souviens maintenant — des vieux devant lesquels nous allions avec le pensionnat brailler des cantiques, quelques jours avant Noël. Elle refuse de s'asseoir et s'effondre dans mes bras.

Souvent, elle parle des morts comme s'ils étaient vivants mais elle ne parle jamais de mon père.

dimanche 9

Il y a des pendules partout, dans l'entrée, la salle, les chambres, aucune n'est à l'heure, six heures au lieu de quatre, etc. Le font-ils exprès ?

Ma mère devient décolorée. Vieillir, c'est se décolorer, être transparent. Zacharie le chat est aussi sans couleur, à douze ans. Aujourd'hui, elle s'imagine qu'il y a des gens dans la chambre : « T'occupe pas, ce sont des clients, ils vont partir dans cinq minutes, il y en a la moitié qui ne paie pas. » Ses paroles d'autrefois, notre vie.

La petite vieille d'à côté est partie, ses placards sont vides. Je n'ose pas encore demander où elle est.

Noël

Quand j'ai eu le prix Renaudot, elle disait de moi aux infirmières (elles viennent de me le rapporter) : « Elle a toujours eu une aisance de parole. » Puis : « Si son père le savait il le dirait à tout le monde. Il a toujours été à ses genoux ! »

Je lui ai coupé les ongles, elle gémissait, alors que je prends toutes les précautions pour ne pas lui faire mal. Je me sens sadique, comme elle l'était autrefois à mon égard. Elle me hait encore.

Souvenir : elle disait « je n'ai jamais rien demandé à personne ».

lundi 31

Elle m'a dit : « Ils ne parlent pas de départ. Je me demande si je partirai un jour. Je resterai peut-être... » Elle s'est arrêtée, sans prononcer « jusqu'à ma mort ». C'était le sens. Cela déchire. Elle est vivante, avec des projets, des désirs encore. Elle ne veut que vivre. J'ai besoin aussi qu'elle soit vivante.

À un moment : « Claude ne vient pas voir sa mère. Pourtant, elle n'est pas loin, elle habite Sainte-Marie. » Après un silence, elle ajoute : « Il faut qu'elle ait perdu la tête. » Transposition qui me culpabilise, Claude = moi, Claude, le fils unique de Marie-Louise, tous deux morts, alcooliques.

Lu dans *Le Monde* ce matin un article sur la maternité et la stérilité. Le besoin d'enfant est besoin de morbidité.

1985

janvier
dimanche 6

Au premier de l'an, ma mère, toutes les femmes avaient été habillées comme avant, avec un chemisier, une jupe. On leur a donné du champagne. Le simulacre de la vie. Imaginer le matin. Les soignantes sortent des placards les combinaisons, les robes, les enfilent sur les vieux corps et s'écrient : « Bonne année ! C'est fête ! Allez grand-mère ! » Toute la journée, on a fait comme si c'était la vraie fête. Les femmes attendent vaguement. Il n'y a rien à attendre. Le soir arrive, on enlève le chemisier, la jupe d'avant. Comme dans l'enfance, lorsqu'on s'amuse à se déguiser, qu'on s'invente une fête. Mais ici, c'est derrière, il n'y en aura plus jamais de vraie.

Elle disait : « Il faut se défendre dans la vie. » Et : « Quand on n'est pas fort, il faut être malin. » On ne se pensait qu'en termes de lutte. Je parle d'elle à l'imparfait. Pourtant, celle qui est là maintenant est la même que celle d'autrefois. C'est cela qui est affreux.

samedi 19

Toute son énergie est concentrée sur l'acte de manger. Voracement, farouchement.

Début janvier, ce rêve, où je suis dans une

rivière, entre deux eaux, avec des filaments sous moi. Mon sexe est blanc et j'ai l'impression que c'est aussi le sexe de ma mère, le même. Oser creuser cela.

« Qui chante ? » demande une femme, deux fois, dix fois. Pourtant, elle doit l'entendre tous les jours, il n'y en a qu'une, toujours la même, celle qui chante sa vie.

février
vendredi 1er

En pénétrant dans les Galeries Lafayette, je vois une femme parler, seule, peut-être demandant quelque chose. Je marche vite, sans m'arrêter, mais je la regarde, elle me regarde aussi. Des yeux bleu-gris. Après, je pense : c'est ma mère, le regard de ma mère avant. Culpabilité.

samedi 2

Un an jour pour jour après la rencontre de A., et je découvre ma mère attachée à son fauteuil. « Je croyais que tu n'allais jamais venir. » Je la détache, nous nous promenons dans le couloir, je la rattache avant de partir (il le faut, prétendent les infirmières). Comme je le faisais avec mes enfants, dans le baby-relax.

Cette phrase qu'elle disait : « On n'a qu'une vie après tout » (pour rire, bien manger, acheter des choses). Et aussi, à moi : « Tu demandes trop à la vie ! »

samedi 16

Elle était au fond du couloir, tâtant la rampe qui longe le mur, ne me voyant pas venir. Ensuite, dans la chambre, elle fouille dans les affaires de sa voisine (encore une autre, la quatrième depuis qu'elle est ici). Le sol des toilettes colle, urine séchée. Tout est urine, l'odeur douce ne part jamais. Au moment de partir, je la reconduis à la salle à manger (j'allais écrire « réfectoire », comme au pensionnat). Une soignante lui donne un bonbon avec un joli sourire : « Prends, ça fait passer le temps. » La compassion, pure.

Musée de Lille, il y a quelques jours. Cette atmosphère de recueillement, ces salles vides avec un gardien. Tendance à prendre les gardiens pour des détraqués (à force d'être là, seuls, et personne ne leur parle jamais). Vu *Les vieilles* de Goya. Mais ce n'est pas ma mère. Pas plus que le personnage de la pièce de Lolleh Bellon, *De si tendres liens*, n'était ma mère, l'autre soir.

Elle a eu sa ménopause l'année où sa mère, ma grand-mère, est morte, un mois ou quinze jours avant le « dimanche » terrible, le dimanche de la scène, le 15 juin 52. Vers le 25, elle revient de chez le docteur. Mon père fait des allusions à une possible grossesse : « Alors, c'est la dernière fois qu'on fait la communion ? » (Il s'agit de mon « renouvellement » de communion.) Mais elle savait qu'il s'agissait de la ménopause. Je dois me tromper de date, c'est fin mai, avant le renouvellement, qu'elle est allée chez le docteur. Donc, elle ne voyait plus ses règles depuis au moins deux mois. Elle avait quarante-cinq ans. La « scène » a lieu *après* et s'explique peut-être par cette cessation des règles. Je me souviens du sourire et de l'air heureux de mon père en supposant que ma mère pouvait être enceinte. La déception, sans doute. On disait « le retour d'âge », « ça m'a quittée », « c'est fini tout ça ». Tout semblait être fini en même temps.

À partir de juillet 52, la mort de ma grand-mère, elle s'est toujours habillée de noir ou de gris. Elle n'a retrouvé les couleurs qu'à Annecy, dix-huit ans plus tard, tailleurs rouges, etc.

samedi 23

Elle a perdu son dentier du bas. La garde : « Ça n'a pas d'importance, elle ne mange que du mixé ! »

Aujourd'hui, elle était joyeuse. (C'est pire.) Nous nous sommes promenées dans les deux couloirs. Une vieille, dans une chambre, se tenait les jupes relevées, on voyait les bas, les jarretelles. Plus tard, quand je suis repassée, elle était de profil. Ses fesses étaient toutes fripées. Une autre vieille m'a appelée pour que je lui ramasse ses pastilles de menthe, éparpillées par terre.

mars
samedi 2

La porte de l'ascenseur s'ouvre : elle est juste devant, avec une petite vieille. Elles sont toutes ainsi, à la recherche de l'autre.

Naturellement, comment pourrait-elle retrouver son dentier.

À chaque fois que je reviens de la voir, j'ai besoin d'écouter de la musique sur mon autoradio, très fort, tout en roulant sur l'autoroute. Aujourd'hui, avec jouissance et désespoir, *C'est extra* de Léo Ferré. J'ai besoin d'érotisme à cause du corps de ma mère, de sa vie.

Souvent elle disait : «Je t'y prends!» à faire ceci ou cela. Me surveillant.

dimanche 24, Salon du livre

Avant d'aller à Paris, je suis venue la voir. Je ne ressens rien tant que je suis avec elle. À peine la porte de l'ascenseur est-elle refermée que j'ai envie de pleurer. Sa peau se craquelle de plus en plus, faute de crème. Elle a perdu aussi son dentier du haut. Sans dents, elle ressemble à un vieil infirmier de l'hospice d'Yvetot, le père Roy, en tablier bleu. Très faible, elle peut difficilement marcher. Mais elle s'intéresse à mes vêtements, elle touche toujours le tissu, «c'est beau». Montrant mon trois-quarts noir : «Quand t'en voudras plus, tu penseras à moi!» Ses paroles anciennes, ses paroles d'avant.

dimanche 31

Elle aime et hait exactement comme autrefois, des « amies » et des « ennemies », farouchement. Toutes, elles reconstruisent un monde « civilisé » : une femme est assise dans l'entrée et dit à toutes celles qui passent : « Bonne promenade », comme si elle était sur le pas de sa porte, dans la rue. Une autre dit à ma mère : « Tu es bien plus belle que moi, tu as ta jeunesse. »

avril
lundi 15

Son visage a changé. L'espace entre les lèvres et le bas du visage s'allonge, ses lèvres s'amincissent de façon obscène. Elle veut toujours partir.

Dans la salle, la télé, sans arrêt (c'est moins triste pour les soignantes ?). Une femme avait défait la toile cirée de l'une des tables et la pliait comme une nappe. On a descendu une malade par le monte-charge.

vendredi 19

Je ne peux ni donner ses vêtements ni les vendre aux puces. Aujourd'hui, j'ai revendu des fauteuils Restauration, une table demi-lune que nous avions achetés avec mon mari, en prenant un crédit. Dépossession qui m'indiffère. Moi aussi, comme ma mère, j'abandonne les choses. Ce sont des « cadres », jeunes, comme nous étions, qui ont acheté ces meubles anciens.

dimanche 21

À nouveau attachée. Elle n'arrive pas à manger son gâteau, une mousse aux abricots, sa main ne trouvait pas ses lèvres, sa langue tirée vers la gâterie inaccessible. Je l'ai fait manger, comme mes enfants autrefois. Je crois qu'elle s'en rendait compte. Ses doigts sont raides (ils forcent sur l'Haldol ?). Elle s'est mise à déchirer le carton des gâteaux, à tenter de le manger. Elle déchirait tout, sa serviette, une combinaison, essayait de *tordre* toutes les choses, complètement insensible. Son menton est tombant, sa bouche ouverte. Jamais je n'ai éprouvé autant de culpabilité, il me semblait que c'était moi qui l'avais conduite dans cet état.

samedi 27

Elle est beaucoup mieux, bien qu'elle ne puisse pas marcher longtemps. Elle mange bien. Ensuite, elle veut se laver les mains. Je la conduis au cabinet de toilette : « Je vais en profiter pour faire un petit pipi. » Elle n'arrive pas à enlever la culotte de résille pleine de couches : « Ils en mettent trop. » Je l'aide, ensuite lui remets la culotte. Une enfant. Tout est là. « Tu m'apporteras des vieux chiffons pour m'essuyer le derrière », dit-elle. Et aussi : « Je suis allée sur la tombe de papa, mais je n'ai pas pu y arriver, on me conduisait en sens inverse » (bien sûr, elle veut vivre, elle ne veut pas le rejoindre).

« Pas une poussière sur sa tombe, c'est une dalle de marbre. »

Dans les chambres voisines, des cris. Un vieux répète « allô, allô ». J'ai pensé que c'était peut-être celui qui voulait téléphoner dans le hall. Une femme fait un bruit étrange d'oiseau exotique, tacatacata. C'était une sorte de concert aujourd'hui, la vie qui veut durer et s'exhale plus fort que d'habitude.

Je me rappelle l'an passé, le début de mon histoire avec A. pendant que ma mère commençait sa dégradation. Alors, elle n'avait pas ce visage bouffi. Un soir, je l'ai vue s'endormir, c'était le soir, il y avait du soleil. J'avais pleuré, mais il me semble que je n'étais pas malheureuse.

mai
samedi 4

Elle ne marchait plus. J'ai dû la lever difficilement de son fauteuil. Ensuite elle a très bien avancé dans le couloir. Culpabilité : elle marche de nouveau aussitôt que je suis avec elle. Je lui ai donné des beignets, du chocolat, dont elle coupe toujours les carrés en deux (souvenir : pour que ça fasse plus long...). À un moment : « Je vais rester combien de temps ici ? Je serai morte avant ! »

Sa voisine, atteinte de la même maladie, mais au début, se promène constamment avec sa trousse de toilette. Elle la pose sur sa table de nuit, la range soigneusement, la reprend. Ma mère faisait ainsi chez moi. Un objet pour se rattacher au monde, un objet à soi.

Quand j'avais douze ans, je restais des heures à regarder, toucher une trousse à ongles en vernis noir. Nous n'avions pas beaucoup de choses, chacune était un rêve.

Elle ne voulait jamais que j'aille en vacances chez des amis à elle. Peur qu'on me juge ? Qu'on ne m'aime pas ? Ou bien — c'est la première fois que j'y pense — était-elle jalouse ? J'étais atrocement jalouse lorsqu'elle appelait ma cousine, mes amies

« ma Colette, ma Nicole ». Ces filles-là n'étaient pas à elle, elle n'avait pas le droit de dire cela.

Il y aura bientôt un an qu'elle a perdu ses lunettes.

samedi 18

Prostrée comme jamais aujourd'hui, refusant de me *voir.* Il faisait beau, nous sommes sorties dans le jardin, avec le fauteuil roulant que je guide très mal. Je m'aperçois que je suis habituée à sa déchéance, à son nouveau visage, inhumain. Je me souviens de ce moment terrible où elle a commencé de « partir ». Elle tournait sans arrêt dans la maison, comme cherchant quelque chose d'introuvable. (Plus tard, j'ai pensé à la tortue du jardin d'Annecy parcourant le grillage, les allées en tous sens, à l'automne.) Et elle écrivait : « Je ne suis pas sortie de ma nuit. »

dimanche de la Pentecôte

Quand j'arrive en voiture, je vois beaucoup de vieillards dehors, dans des fauteuils, des gens dont je pense qu'il s'agit de visiteurs. Je monte, ma mère est dans le couloir, elle me reconnaît, je la descends au jardin dans son fauteuil. Je m'aperçois alors qu'il n'y a que des vieux du service, affublés de chapeaux de paille et gardés par les infirmières. Le menton de ma mère tombe de plus en plus, des rides en soleil se forment autour des commissures de ses lèvres. Nous restons là, sur un banc. Elle mange. Je m'aperçois que je ne lui apporte jamais le « bon gâteau » ; aujourd'hui, c'est un sablé trop dur, avec de la confiture dont elle s'enduit les doigts. Il faut que je ne lui apporte que des pâtes de fruits et des brioches aux amandes. Des femmes parlent seules. Un vieux agite frénétiquement la tête sous son chapeau de paille. Je ne pense à rien.

juin
dimanche 2

C'est la fête des Mères. Je lui ai apporté le chapeau de paille qu'elle avait avant. Nous sommes descendues dans le jardin, sur un banc. Elle n'avait pas besoin de fauteuil roulant. Peut-être, pour les autres, ressemble-t-elle maintenant à une sorcière. Sa métamorphose en un an, depuis qu'elle est ici. Elle est pliée en deux, elle si droite. Sa peau si peu ridée jusqu'alors est zébrée de sillons. Aujourd'hui, elle tenait un pan de son tablier comme si elle s'accrochait à celui-ci. En reprenant l'ascenseur, elle était en face de la glace. Je suis sûre qu'elle *s'est vue.*

dimanche 9

Elle attendait dans son fauteuil roulant face à l'ascenseur.

Elle parle de suicide, de messe où elle ne

retournera pas, d'argent. « Je crains de passer de longues années ici. » Parfois, je ne finis pas mes phrases. « On se comprend », disait-elle autrefois, quand elle cherchait une tournure.

Sa voisine de chambre range pendant une demi-heure son placard, sortant tout, remettant tout. Que signifient ces gestes, que ma mère avait aussi au début de sa maladie, chez moi ? Remettre au-dehors un « ordre » impossible à trouver au-dedans ?

Combien de dimanches, déjà, à être devant elle, la regardant manger. Des arbres remuent doucement dans la fenêtre.

Elle disait, heureuse : « Annie ! Tu as de la visite ! », quand une camarade venait me voir. L'importance de la « visite » pour elle. Preuve d'amour, signe qu'on existe pour les autres.

dimanche 23

Elle dormait dans le fauteuil surélevé qui sert aux petits soins dans l'entrée, bouche ouverte. Je ne pense plus à rien, ici.

La vieille de sa chambre se promène sans arrêt avec son sac à main, comme dans la rue. Elle a amené une autre vieille, elles se sont assises l'une à côté de l'autre et elles sont restées là, sans rien dire, en se souriant cérémonieusement. Deux petites filles qui jouent aux dames en visite. Si bouleversant.

Des éclats de rire venaient de la cuisine. Un dimanche ordinaire d'été en long séjour.

Des souvenirs. Je la vois racontant dans l'épicerie que Mlle B., qui avait accouché d'un enfant dont le père était un Allemand, n'avait aucune layette prête pour le bébé. Ce serait seulement des années plus tard que je comprendrais le sens de cette remarque, de ce qu'on n'osait pas dire, tout en le suggérant : cette fille avait peut-être voulu supprimer son enfant.

Autres souvenirs, phrases : « Je n'ai pas quatre bras ! » (pour tout ce que mon père ou moi lui demandions). Et : « Tu n'es pas assez forte pour... » Toujours, elle mettait en avant sa force physique, valeur dans notre monde, moi j'étais une « petite nature ». Inférieure à elle.

dimanche 30

Dans le jardin, je la quitte, la laissant à la surveillance des soignantes assises auprès d'autres vieilles, d'un grand-père qui bave. Alors, elle crie : « Annie ! » Il y avait plus d'un an qu'elle n'avait prononcé mon nom. Sur le coup, je suis vidée de sensation. Cet appel est venu du fond de ma vie, de mon enfance. Je fais demi-tour, reviens près d'elle. Elle me regarde : « Emmène-moi ! » Tout le monde s'est tu, écoute. Je voudrais mourir, je lui explique que ce n'est pas possible, pas maintenant. Après j'ai pensé qu'elle m'avait peut-être appelée de toutes ses forces parce qu'il y avait des gens autour d'elle. Ce n'est pas sûr.

Quand elle a eu assez de sa brioche, elle l'a cachée sous sa jupe. Pendant l'enfance, je cachais les bonbons que je volais dans l'épicerie à l'intérieur de ma culotte.

juillet
dimanche 7

Depuis deux dimanches, elle ne marche plus. J'ai pris l'habitude du fauteuil roulant. Je la descends au jardin. Il fait très chaud. « Le soleil est bon », dit-elle. Je suis toujours surprise de l'entendre prononcer les phrases qu'elle disait avant, dans l'état où elle se trouve maintenant. Elle ne voit plus rien de distinct. À un moment, elle m'a saisi la jambe, la jupe, avec brutalité. Deux soignantes, jeunes, se sont mises à l'écart des vieux pour bavarder. Une autre, âgée, effroyablement laide, reste avec eux. Ma mère porte une robe à petites fleurs, comme j'en ai porté, enfant. Dedans elle paraît toute petite. Il est évident que c'est maintenant seulement que je suis adulte.

Elle m'a dit « à dimanche ! » alors que je ne vais pas la voir pendant deux mois à cause de mon opération. Une opération où je peux mourir, avant elle.

J'ai raconté ses gestes, ses mimiques, aux garçons. Nous sommes écroulés de rire. C'est l'impossibilité de garder la douleur : la transmuer en comique.

Aujourd'hui, je me sentais coupable, encore. Aussi, je cherchais à la soulager, en lui coupant les ongles, qu'elle avait horriblement sales, en lui lavant les mains, en la rasant. Je me demande si elle fait tout sous elle maintenant qu'elle est dans un fauteuil. Je n'ai pas osé poser la question.

août
samedi 17

Je ne suis pas encore retournée voir ma mère, bien que je puisse marcher avec des cannes. Ne pas aller « comme une vieille » dans ce lieu de la vieillesse.

Ma mère, sa force, son angoisse perpétuelle aussi. J'ai la même tension, mais dans l'écriture.

Mon père disait d'elle avec admiration : « Tu n'auras pas le dernier mot avec elle ! »

lundi 26

Je suis allée la voir avec David, qui éprouve visiblement beaucoup de peine. L'odeur retrouvée, la chambre avec le petit ramoneur d'Annecy, la statuette de sainte Thérèse, les choses à leur place. Presque le plaisir d'une permanence. La voir, la toucher, si différente de ce qu'elle a été et pourtant « elle ». La salle à manger était pleine de vieilles, les mêmes. Du rock à la télé. Quand je viens ici, j'ai l'impression que c'est sur tout cela que je dois écrire.

septembre
jeudi 5

Il y aura deux ans demain que je suis allée chercher ma mère à l'hospice d'Yvetot. Je me souviens du passage chez elle, au Béguinage, une femme à qui elle a dit fièrement : « Je vais chez ma fille ! », des conversations dans la voiture.

Aujourd'hui je l'ai vue avec Éric. Elle était dans l'entrée, touchant en tâtonnant un tuyau sur le mur. Je l'ai reconnue à ses chaussures. Sa voisine de chambre se promenait par cette chaleur en manteau de fourrure, son petit sac à la main, comme une vieille pute.

Ses ongles sont trop longs, ses cheveux aussi, lui donnant l'air hirsute. Je n'ai pas le courage de les couper. Je ne « sens » plus rien en songeant à sa dégradation, je me pose de moins en moins la question « est-ce à cause de moi ? ». Elle avait commencé de perdre ses facultés dès 82, avant de venir chez moi. Mais je ne l'ai pas assez secourue, elle a traversé « sa nuit » seule.

Dans *Le Monde*, Claude Sarraute écrit « ça valait mille ». C'est une expression de ma mère, qui disait aussi « ça valait dix ». Je n'aimais pas ces mots, je trouvais que c'était du vieux langage. Une forme de délicatesse, de ce qu'il ne faut pas dire pour ne pas blesser les gens, lui était étrangère.

Elle est le *temps*, pour moi. Elle me pousse aussi vers la mort.

Je me déguisais avec ses vêtements.

« Je vais le dire à ma mère ! » C'était la justicière, celle qui pourrait éventuellement se battre avec la mère de l'autre fille.

Je me souviens de la « tasse de thé » chez le dentiste de Rouen. On attendait dans une salle avec des vitrines pleines de chinoiseries grimaçantes, fauteuils profonds. Les salles d'attente de mon enfance sont des lieux terribles, étranges, où je suis transportée dans « l'autre monde », celui des riches, des gens importants, une « devanture » à laquelle il est interdit de toucher. Ma mère parlait à voix basse. Après une séance particulièrement douloureuse, le dentiste dit « ça mérite bien une tasse de thé ! ». Je suis étonnée qu'on imagine cette abominable mixture comme récompense et je m'attends à ce que ma mère réplique « elle n'aime pas le thé ! ». Mais elle ne dit rien, sourit. Elle savait que « cela se faisait » de boire du thé dans « le beau monde ».

vendredi 13

Ma mère s'est brisé le col du fémur. Angoisse. Hier soir, les mouettes en ballet incessant autour de la maison, puis le cri horrible d'un oiseau, peut-être une chouette, ou une mouette. En ce moment, justement, je songeais à un livre sur elle. Je suis dans un état de confusion absolue.

Soir. Je l'ai vue, elle dormait, bouche ouverte. Sonde. Ses mains bougeaient. Je pleurais. Il me semble que cela fait très longtemps que cela dure. Que sent-elle ? Elle va guérir, c'est-à-dire croupir entre lit et fauteuil. Je n'ai vu personne, ni médecin ni infirmière dans le service où on l'a transportée.

dimanche 15

Elle est dans son décor à nouveau. Attachée dans son fauteuil, raidie, essayant sans arrêt de se lever, pleine de force, les yeux sans voir. Elle ne peut manger seule, sa main droite cherche sa main gauche. Je me dis brusquement qu'au train où va le monde, dans vingt, cinquante ans, on ne gardera pas vivants des êtres comme ma mère. Je ne sais pas juger une telle éventualité, son bien-fondé ou non.

« Tu te dépenses », me disait-elle avec reproche. J'étais rouge, essoufflée à force de crier, courir. Et si je la regardais trop : « Tu veux m'acheter ? » Recenser toutes ses phrases alors qu'elle ne parle presque plus. Mais il y a encore sa *voix*, parfois des expressions qui sont « elle », se confondent avec son être unique. Tentative éperdue de les fixer. Ses obsessions : le travail, l'alcool (refoulé), les choses horribles, drames, etc.

Elle ne voulait pas de limites, mais, à cause de la pauvreté de son milieu, elle avait celles de la religion, de la morale puritaine, soutiens ou substituts de la dignité. Moi je ne me suis jamais voulu de limites.

Effrayant de constater combien ma mère a toujours été figure de la mort pour moi. Lorsqu'elle est allée à Lourdes seule, je croyais qu'elle ferait exprès d'y mourir. Plus tard, le récit qu'elle fait de la mort de ma sœur me terrifie : j'ai l'impression que c'est en mourant à mon tour qu'elle m'aimera, puisqu'elle dit, ce jour-là, en parlant de moi, « elle est bien moins gentille que l'autre » (ma sœur).

Ses vêtements qui restent chez moi, comme appartenant à quelqu'un de mort, elle ne les mettra plus. Pourtant, elle est vivante, elle peut, par exemple, provoquer encore en moi de la culpabilité.

Je retrouve chez moi ses gestes brusques, sa brutalité, saisir les choses, les jeter avec violence. A. me l'a fait remarquer. Rapprochement d'une attitude de celui-ci avec la folie de rangement de ma mère, chez moi, il y a deux ans bientôt. Il n'arrête pas de déménager, de classer les livres de sa bibliothèque, se rassurant sur ses richesses intellectuelles, compensant ce terrible manque qu'il éprouve de n'avoir que son bac. Ma mère essayait de se raccrocher au monde, de s'assurer qu'elle n'était pas folle. Déjà, cette période où elle vivait avec moi est lointaine. Souvenir heureux : elle cousait et perdait ses aiguilles. Maintenant...

Ce grand amour que j'avais pour elle, à dix-huit ans, le refuge absolu qu'elle représentait. Et j'étais boulimique.

jeudi 19

L'autre jour, elle menaçait de vomir. Je la guettais, comme Éric, qui faisait mine de renvoyer les aliments dont il ne voulait pas, enfant.

Je n'ai jamais vu de photo de ma mère enfant. Sur la première, elle est en mariée. Une autre, plus tard, où elle est à un mariage. Visage lourd, petit front, quelque chose du taureau. Pour mieux la définir, cette phrase me vient : « C'est une femme qui brûlait tout » (derrière elle, aucun papier, pas de traces).

Elle aimait donner, plus que recevoir. Se faire valoir, être reconnue ? Petite, j'aimais donner, moi aussi, des images, des bonbons, pour être aimée et populaire. Ensuite, non. Est-ce qu'écrire, et ce que j'écris, n'est pas une façon de donner?

Une scène de l'enfance. Nue, elle est tournée vers mon père couché dans le lit. Il s'esclaffe : « C'est pas beau ! » Son sexe à elle, *L'origine du monde.*

Aux vieillards lubriques du café elle disait d'une voix grondeuse : « Allez-vous-en, vieux tout laid » (idem aux chiens courant après notre petite chienne).

octobre
vendredi 4

L'histoire qu'elle racontait à propos de Lourdes, une montagne liquide où l'on s'enfonce et se noie quand on ne sait pas qu'il s'agit d'eau — où je croyais qu'elle allait périr — je l'ai peut-être inventée, ou bien déformée.

Ces termes : « Je suis seule de fille. »

Son goût d'employer des mots difficiles pour faire son « petit effet ».

En voyant *Les œufs de l'autruche* de Roussin, à la télé, je retrouvais toutes les femmes haïes, images inversées de ma mère, avec leur corps et air fragiles, leur soie et leurs perles, leur minauderie.

mardi 8

Elle est dans l'entrée et d'abord, je ne la reconnais pas. On lui a tiré les cheveux en queue de cheval, son visage est figé. Je lui montre le petit ramoneur au-dessus de son lit, celui qu'une amie lui a offert à Annecy. Elle le regarde et murmure : « J'en ai eu un comme ça autrefois. » Constamment, je me demande comment elle perçoit le monde maintenant. Lorsque je pense à ce qu'elle a été, à ses robes rouges, sa flamboyance, je pleure. Le plus souvent, je ne pense à rien, je suis auprès d'elle, c'est tout. Il y a pour moi, toujours, sa *voix*. Tout est dans la voix. La mort, c'est l'absence de voix par-dessus tout.

Elle disait : « X ou Y, ou un chien, est mort d'ambition. » Mourir d'ambition, c'est-à-dire de douleur d'être séparé, d'être au loin.

mardi 15

Un temps d'octobre très gris, comme en 62, quand je passais mon certificat de littérature. Nous sommes face à face. Elle mange un flan, ses mains tremblent, elle passe le gâteau d'une main à l'autre. « J'avais faim, ça fait plusieurs jours que je n'ai pas mangé. J'étais démunie. » Démunie, la litote habituelle du manque d'argent. Plusieurs phrases qui me culpabilisent : « Je voudrais bien passer les fêtes *là-bas* », ou : « Tu ne mets pas longtemps pour venir » = tu devrais venir plus souvent.

À chaque fois que j'arrive, elle m'accueille comme elle le faisait autrefois avec des gens qui lui rendaient visite : « Ah ! Justement je me disais, ça fait longtemps ! » Toujours un désir de joie, de vie heureuse. Une petite vieille la questionne avec angoisse : « Tu ne t'en vas pas ? — Non, non », répond-elle vite, comme pour lui éviter d'avoir de la peine, si peu que ce soit.

vendredi 18

Je donnais une aumône à l'aveugle du marché, comme elle.

« Elle a détourné cet homme de son devoir », « il faut faire son devoir dans la vie ». Ce dégoût en entendant ces paroles, ce mot, dès l'adolescence.

Ma représentation fantasmatique d'elle : un pan de blouse blanche, sa blouse de commerçante, continuellement derrière moi.

lundi 21

Avec les gens, elle avait toujours peur de laisser tomber la parole. « Dire un petit mot à chacun. »

Je ne sais rien sur la façon dont elle considérait, faisait l'amour. En apparence, le sexe était le mal absolu. La réalité ?

mercredi 23

Aujourd'hui, elle me dit : « Je serais sûrement mieux avec toi que hors de toi. »

Ses réflexes de politesse : « Il n'y a pas une chaise ? », parce qu'une infirmière est debout près d'elle. Je me suis mise à lire un journal. Elle a tendu la main vers le papier des gâteaux et je le lui ai donné comme à un enfant. Une minute après, levant les yeux, je me suis aperçue qu'elle le mangeait. Elle ne voulait pas que je le lui enlève, serrant les doigts avec force. L'horreur de ce renversement mère/enfant.

novembre
dimanche 3

Les cheveux épars, les mains qui se cherchent, la droite serre la gauche comme un objet étranger. Elle ne trouve pas sa bouche, à chaque tentative, le gâteau arrive de biais. Le morceau que je lui ai mis dans la main retombe. Il faut que je le glisse dans la bouche. Horreur, trop de déchéance, d'animalité. Les yeux vagues, la langue et les lèvres suçant, sortant, comme le font les nouveau-nés. J'ai commencé à la coiffer, j'ai arrêté parce que je n'avais pas d'élastique pour attacher ses cheveux. Alors elle a dit : « J'aime bien quand tu me coiffes. » Tout a été effacé. Coiffée, rasée, elle est redevenue humaine. Ce plaisir que je la peigne, l'arrange. Je me suis souvenue qu'à mon arrivée sa voisine de chambre lui touchait le cou, les jambes. Exister, c'est être caressé, touché.

lundi 11

Elle est très agitée, ne cesse de vouloir arracher la barre de son fauteuil roulant. Elle s'y cramponne et tire de toutes ses forces, contractée. Cette violence me renvoie à celle qu'elle avait à l'égard de tout, de moi. Elle me fait horreur, à nouveau, l'image de la « mauvaise mère », brutale, inflexible. Insupportable odeur de merde mais je ne sais pas quand je pourrai la changer moi-même. Je lui ai donné à manger par petits morceaux, elle ne m'a pas regardée une fois. Maintenant, elle ne dirait plus « c'est ma fille » en me voyant arriver, comme l'an dernier.

Souvenir d'elle assise sur le seau de chambre, gestes impudiques, cette étrange promiscuité de femmes qu'elle m'imposait dans mon enfance, qui m'a fait horreur plus tard.

Mais m'enseignant toujours l'orgueil : « Tu supportes ça ? » C'est-à-dire, toi, tu acceptes d'être traitée ainsi ? (Par mon mari.)

mercredi 13

Hier, à Yvetot, ma tante, mes cousines : « Tu ressembles à ta mère, on dirait ta mère ! » Ma tante parle d'elle : « Elle a travaillé toute sa vie. Elle frottait les sols, elle disait à ton père, "laisse ça, je vais le faire !". » L'orgueil qu'avait ma mère de sa force physique, son dégoût de la maladie comme d'une infériorité me reviennent. Un monstre de travail. J'avais cela en horreur, sa phrase : « Tu n'as pas de santé ! »

dimanche 17

La vieille de la chambre de ma mère était assise près d'elle. Tableau très doux d'une connivence secrète, parfaite entre elles. L'étonnante lumière d'une scène biblique d'un peintre du Quattrocento. Une joie d'essence indicible. Ma mère dit à la femme en me montrant : « La reconnais-tu ? » La femme bafouille à son habitude, depuis longtemps elle ne s'exprime plus clairement. Cela n'a pas d'importance, qu'elles se comprennent en paroles ou non. Je me suis assise en face d'elles, j'ai donné à manger un éclair à ma mère — l'autre femme n'en voulait pas —, puis un autre. De temps en temps, j'en mangeais un morceau. On entendait la télé, des valses viennoises. Je voyais Yvetot, les dimanches après-midi. Ce n'est pas seulement le sentiment du temps qui passe, quelque chose d'autre, de mortel : je suis maintenant un être dans une chaîne, une existence incluse dans une filiation continuant après moi.

Je lui lave la bouche avec un gant de toilette. Elle me regarde et me demande : « Est-ce que tu es heureuse ? »

Je vais aux toilettes, le sol est plein d'urine, collant. Rapprochement obligatoire avec la scène du matin, chez A. Je ne sais rien de sa sexualité à elle. Une de ses phrases, « si les gens apprenaient ça, on serait honteux ».

dimanche 24

Sa façon de me toiser, hautaine, parfois, comme si elle ne me reconnaissait pas. Elle mange l'éclair seule, en s'en mettant partout. C'est toutefois le gâteau qu'elle mange le plus facilement. Une chanson des années soixante, à la télévision, « Puisque demain tu te maries », quelque chose comme cela. Ma vie depuis ce temps. Et elle, qui a été si présente, toujours, dans ma vie.

Elle sent mauvais. Je ne peux pas la changer. Je l'asperge d'eau de Cologne.

décembre
dimanche 1er

Elle ne trouvait pas l'entrée de sa bouche, déviant constamment vers la droite. Je l'ai aidée. Quand elle n'a plus rien eu dans les doigts, elle a continué de les porter à sa bouche. Je ne sais pas si un enfant fait cela, je ne me rappelle pas.

Quand j'écris toutes ces choses, j'écris le plus vite possible (comme si c'était mal), et sans penser aux mots que j'emploie. Elle portait aujourd'hui une robe de chambre à fleurs, le tissu était plein de poils tirés par l'usure. Fugitivement, ma mère m'a paru couverte d'un pelage de bête.

Elle a terminé les pâtes de fruits. Si je laisse le paquet à côté d'elle, elle n'y touchera pas, ne cherchera pas à saisir un bonbon. Maintenant, elle s'agrippe seulement, ou elle veut déchirer.

La femme aux lunettes pleurait et disait : « Je veux mourir. » À côté, son mari, l'homme aux yeux toujours rougis, lui a répondu doucement : « C'est toi qui vas me faire mourir. » C'est sans doute vrai. Une femme criait dans une chambre exactement comme un canard poursuivi dans la cour d'une ferme.

Avant de partir, je l'ai fait boire. Elle me dit : « Tu auras ta récompense. » Cette parole me bouleverse.

En revenant chez moi, sur l'autoroute je sens sur mes doigts l'eau de Cologne que je lui ai mise. Aussitôt, sans savoir pourquoi, je revois la foire d'Yvetot, des sorties avec elle. Odeur de sa poudre de riz ?

L'ombre noire sur son visage, je la vois souvent. Dans mon enfance, elle était pour moi une ombre blanche. Comment ai-je pu oublier qu'elle m'a appelée jusqu'à seize ans sa « poupée blanche » ?

Entre ma vie et ma mort je n'ai plus qu'elle en démente.

dimanche 8

Elle se tourne vers moi, bouche ouverte, les cheveux attachés cette fois. La blouse à fleurs. Toujours son odeur. Je ne peux pas la changer et je n'ose pas déranger les infirmières et les soignantes qui discutent dans le bureau. Je les entends. L'une répète : « C'est là le problème », et : « Faire ça pour re-rien » (je crois qu'elle veut dire se priver).

Elle ne trouve pas ses lèvres, pour le premier gâteau. Au second, elle y parvient. Les progrès sont possibles, *encore*. L'infirmier soixante-huitard, aux cheveux longs, « idéaliste » (c'est lui qui me l'a dit), vient sur ma demande voir son grain de beauté sur la tête. Il a saigné.

dimanche 15

Elle est dans la salle, seule à être tournée, dans son fauteuil, contre le mur. Il y a des guirlandes descendant du plafond. Elle me les montre en disant : « C'est la robe d'Annie. » Ne pensant qu'à moi. Le papier peint de la salle me rappelle brusquement celui du café d'Yvetot avant 1950. Impression que rien ne s'est passé depuis ma petite enfance, que toute la vie n'est qu'une accumulation de scènes les unes sur les autres, et de chansons. Je reste avec tout le monde devant la télé. Derrière ma mère, une femme rit seule. Une autre, moins démente, lui crie : « Arrête de rire ! T'es folle ! » Puis s'inquiète d'une autre, très gâteuse, qui ennuie un homme assis dans un fauteuil. Sans cesse sur le qui-vive. Près de la fenêtre, je reconnais le vieux qui voulait toujours téléphoner dans le hall à des correspondants qui ne répondaient jamais. Voix profonde d'un homme (mais lequel ?), voix *sauvage,* venue comme du ventre. Les voix redeviennent sauvages ici.

Il y a un père Noël sur le mur du fond. Émission de Jacques Martin, jeux, un type a gagné un voyage en Amérique. La femme sur le qui-vive s'écrie : « Oh ! la la ! » On verra ensuite des ongles de pied vernis, érotiques, pub. Imaginé une vic : enfant, adulte, vieillard, toujours devant la télé, avec ses images inchangées : beauté, jeunesse, aventure.

dimanche 22

Je suis assise sur une chaise devant elle, la boîte de chocolats sur mes genoux. Elle retrouve sa gourmandise, regarde avidement les chocolats, essaie de les saisir avec ses doigts malhabiles. Après chaque bonbon, elle s'essuie soigneusement la bouche. Je suis installée plus bas qu'elle, je dois lever un peu la tête. J'ai dix ans, je la regarde, c'est ma mère. Toujours le même écart d'âge, la même cérémonie.

En partant : « Pourquoi tu ne m'emmènes pas avec toi, ce serait plus gai. »

1986

février
dimanche 2

Depuis que je veux raconter sa vie, je ne peux plus écrire après mes visites. Je n'en ai plus besoin, peut-être. Surtout, je suis dans son passé, son histoire.

Mais j'éprouve de plus en plus d'angoisse à son sujet. J'ai peur qu'elle meure. Parfois je pense même la reprendre à la maison. Toujours ce mouvement fou, qui m'a fait l'accueillir chez moi en 70, puis en 83, pour découvrir ensuite que c'était impossible de vivre avec elle.

mercredi 12

Elle était en train de regarder dans le vide, tendant la main devant elle, courbée sur son fauteuil, lorsque je suis arrivée. Atteindre, toucher. Elle, bien elle, dans ce désir de vouloir encore explorer le monde autour. Elle pouvait manger seule, de la main droite ou gauche. De plus en plus maigre. À chaque visite, il y a toujours un détail qui me bouleverse, focalise l'horreur. Aujourd'hui, c'était ces grandes chaussettes brunes qu'on leur met, montant jusqu'aux genoux, et qui, trop lâches, retombent sans cesse.

Mon geste étrange : relever sa blouse pour voir ses cuisses nues. Elles sont atrocement maigres.

Quand elle rit, c'est toujours la femme d'avant.

Il faisait beau et froid. Je ne sors plus de ce repère : le début de sa maladie, « il y a deux ans... ». Alors, elle sortait se promener avec Maya[1], voulait voir un notaire, montait se coucher le soir avec les garçons.

1. La chienne que nous avions.

jeudi 20

Tout devient difficile, angoissant. Je raconte l'enfance, l'adolescence de ma mère, je la « vois » dans ma tête, la force, la beauté, la chaleur. Et je la trouve comme aujourd'hui endormie, bouche béante, décharnée. J'ai besoin de crier : « C'est moi maman ! » Les deux images ne peuvent pas coïncider. Et je suis en marche, dans mon écriture, vers ce moment où elle sera ainsi dans ce fauteuil. Mais si elle n'y était plus, si la vie allait plus vite que l'écriture... Je ne sais pas si c'est un travail de vie ou de mort que je suis en train de faire.

Distribution de gâteaux. « Ce sont les dames du jeudi ! » répète une soignante. Des femmes, bénévoles, donnent à chacune deux gâteaux. Je ne m'énerve plus quand elle recrache les morceaux de flan, trop gros. Je les lui coupe plus petits. Sa maigreur m'effraie. Ils n'ont peut-être plus la patience de lui donner à manger. Elle me dit : « Avec toi je suis dans de bonnes mains... »

mars
dimanche 2

Il me semble que, depuis longtemps, elle ne change plus, son état ne s'aggrave pas. Je m'habitue. Elle ne trouve pas sa bouche et elle est pleine de bleus, sans doute les coups qu'elle se donne contre les barres de son lit. Les mots pour enfant me viennent : « Tu t'es fait des bibis ? » ou : « Alors qu'est-ce que tu dis ? », niaisement.

dimanche 16

Je lui donne une brioche aux amandes, elle est incapable de la manger seule, ses lèvres tètent le vide. À ce moment, je voudrais qu'elle soit morte, qu'elle ne soit plus dans cette déchéance. Elle se raidit, tente de se lever de son siège, aussitôt après une odeur nauséabonde se répand. Elle s'est soulagée comme un nouveau-né à qui l'on vient de donner à manger. Horreur et impuissance. Sa main droite est toute crispée, me serre durement, la force aussi des doigts d'un nouveau-né.

dimanche de Pâques

La troisième fête de Pâques qu'elle passe ici. À chaque fois que j'arrive, j'ai du mal à la reconnaître, son visage n'est jamais le même, aujourd'hui la bouche tirée vers la droite. Je lui ai apporté une poule en chocolat. Le morceau que j'ai détaché est trop gros, elle ne l'enfonce pas tout entier, il glisse, elle cherche à le rattraper, mais c'est son menton qu'elle saisit à la place. Ce geste et tous les autres où elle se débat dans le vide sont les plus éprouvants de tous. Ensuite, elle malaxe un morceau de chocolat au lieu de le porter à sa bouche, puis elle tente de le manger, en vain. Elle a déjà du chocolat partout. C'est le point où tout bascule, l'horreur non seulement n'a plus d'importance, mais elle est devenue nécessaire. Allez, mets-t'en partout, barbouille-toi complètement. Une sorte de rage qui remonte à mon enfance, tout détruire, tout salir et se rouler dans la saleté. Une rage cette fois détournée sur elle. Après que je l'ai fait manger et que je l'ai nettoyée : « Tu as toutes tes dents ? Moi, mon dentier est... » (Un mot incompréhensible.) Je lui dis que je vais lui en faire refaire un, je lui dis n'importe quoi comme on le fait aux enfants.

La voisine de ma mère est en larmes, elle sanglote dans son fauteuil ; je veux lui offrir un chocolat, elle refuse en relevant son visage, très laid, gonflé de pleurs. Je ne peux pas supporter cela. Ni ceci : je me penche pour vérifier le cran d'arrêt du fauteuil de ma mère : elle se penche et elle m'embrasse les cheveux. Survivre à ce geste, cet amour, ma mère, ma mère.

avril
dimanche 6

Elle est toute douceur dans son visage, il ne reste rien de ses mâchoires crispées, de son regard traqué. On lui avait mis de grandes chaussettes de laine, des cuissardes. Elle a soulevé sa robe-blouse, elle avait du Mercurochrome aux aines, sans doute à cause de la macération du pipi, irritante. Maintenant, elle a « rattrapé » cette femme que je voyais il y a deux ans, ici, à Pâques, qui montrait son sexe sans pudeur.

lundi 7

Elle est morte. J'ai une peine immense. Depuis ce matin, je pleure. Je ne sais pas ce qui est en train de se passer. Tout est là. Les comptes sont arrêtés, oui. On ne peut pas prévoir la douleur. Ce désir de la voir encore. Ce moment est arrivé sans que je l'aie imaginé, prévu. Je la préférais folle que morte.

J'ai envie de vomir, j'ai mal à la tête. J'ai eu tout ce temps pour me réconcilier avec elle mais je n'en ai pas fait assez. Ne pas avoir pensé hier que c'était peut-être la dernière fois que je la voyais.

Les forsythias que je lui ai apportés hier étaient encore sur la table, dans le pot à confiture. Je lui avais aussi apporté du chocolat « Fruits des bois » et elle avait mangé toute la tablette. Je l'avais rasée, lui avais mis de l'eau de Cologne. C'est *fini.* Elle n'était « rien que la vie ». Elle tendait les mains en avant pour attraper.

Elle ressemble à une pauvre petite poupée. J'ai remis à l'infirmière la chemise de nuit dans laquelle elle voulait être enterrée, blanche à dentelle. Ils ne veulent pas qu'on fasse quoi que ce soit. Je voulais la lui enfiler.

Je ne l'entendrai plus.

Je n'arrive pas à me rappeler ses paroles d'hier, aucune. Si, elle a dit à des gens « prenez des sièges, installez-vous », quelque chose comme cela.

mardi 8

Ce jour qui ne s'est pas levé pour elle. Elle était la vie, rien que la vie, et la violence. Le temps est gris, cette ville nouvelle qu'elle n'a jamais aimée, où elle est morte. Est-ce que je vais sortir de cette douleur ?

Tous les gestes me lient à elle. Peut-être épuiser cette douleur, la fatiguer en racontant, décrivant. Je ne peux relire les notes précédentes, trop de douleur. Ce qu'il y a de terrible, c'est le rapport entre ces deux ans et demi de déchéance, où elle était devenue proche de moi, et sa mort. Elle était à nouveau une enfant mais elle ne grandira pas. Mon désir à chaque fois de la nourrir, de lui couper les ongles, de la coiffer. Le dimanche de Pâques, ses cheveux propres, doux. Ne pas pouvoir imaginer que ça s'arrête.

Encore aujourd'hui, ce n'est pas tout à fait fini.

Demain, je pourrai jeter une fleur dans son cercueil, lui mettre son chapelet. Mais pour rien au monde, quelque chose d'*écrit*. Horreur d'imaginer un livre sur elle. La littérature ne peut rien.

Passé aux Louvrais, ce quartier gris qu'elle n'a jamais aimé, cette région parisienne où elle a été malheureuse. Envie de passer devant le coiffeur où je l'avais conduite en janvier 84.

L'imparfait maintenant, « elle était », etc. Cette nuit, dans mon insomnie, « c'est le plus-que-parfait, désormais ». Toujours revoir le dernier dimanche, le dernier jour.

jeudi 10

J'éprouve de l'angoisse comme s'il allait encore arriver quelque chose. Je me rends compte qu'il n'arrivera plus rien.

« Les voici réunis » (mon père et elle), « elle est débarrassée ». Ces phrases que je ne comprends pas, qui ne me touchent pas, mais peut-être faut-il qu'on les prononce. À la boucherie, ce matin (la dernière fois que j'y suis allée, c'était « avant »), cette lenteur des gens choisissant scrupuleusement tel ou tel morceau. Horreur.

Je me suis revue assise près d'elle dimanche, lisant les histoires de Vadim avec Bardot. Elle avait tendu la main à un moment vers le journal. L'autre vieille voulait fermer la porte.

Je suis descendue à la cave. Il y avait sa valise, avec son porte-monnaie, un sac d'été blanc et plusieurs foulards. Je reste devant la valise béante, devant ces quelques objets. Je ne sais pas ce que j'attends.

Je n'ai pas envie d'ouvrir mon courrier, je ne peux pas lire.

Je sais que je n'ai été dans cet état que deux ou trois fois dans ma vie, après un chagrin d'amour, après l'avortement. Ma peine, autrefois, quand je l'avais « ratée » à Rouen, un jeudi après-midi. Quand j'avais dû aussi la quitter à Calais avant de prendre le bateau pour l'Angleterre, en 60.

J'avais accepté qu'elle redevienne une petite fille, et elle ne grandira pas. Pour la première fois je comprends le vers d'Eluard, « le temps déborde ».

Tout ce qu'on me demande de faire, articles, débats, me semble impossible, inutile.

Le pire, depuis deux ans, avoir écrit sur elle, un texte dans *Le Figaro*, une nouvelle pour *L'Autre Journal*, des notes après mes visites. Ne pas penser qu'elle pouvait mourir.

J'ai reçu des copies à corriger. Ce n'est pas la sensation d'agacement habituelle mais le sentiment que je pourrais ou non les corriger, que cela n'a pas d'importance qu'elles soient corrigées ou non.

Je croyais qu'elle allait mourir, quand j'avais cinq ans, lorsqu'elle est partie seule en pèlerinage à Lourdes.

J'ai partout cherché l'amour de ma mère dans le monde. Ce n'est pas de la littérature ce que j'écris. Je vois la différence avec les livres que j'ai faits, ou plutôt non, car je ne sais pas en faire qui ne soient pas cela, ce désir de sauver, de comprendre, mais sauver d'abord. Au téléphone, Annie M. m'a dit qu'on ne peut transcrire directement ce qu'on sent, il faut un détour. Je ne sais pas.

La haine et l'amour. Je n'ai jamais pu lui dire mon avortement. Mais cela n'a plus d'importance.

Je relis plusieurs fois le journal avant d'en saisir le sens. Il n'y a pas de livre que je pourrais supporter. Certains seraient intolérables parce qu'ils raconteraient ce que je viens de vivre. Les autres parfaitement inutiles, des fabrications.

Le désir de retourner voir la boutique du coiffeur, aux Cordeliers, où je l'avais emmenée en janvier 84.

Je pourrais attendre, ne rien écrire, je ne peux pas.

Dans l'état où je suis, je pourrais « descendre plus bas » encore, je le sens.

Toutes les peines vécues n'ont été que des répétitions de celle-là.

Au téléphone, j'ai pris rendez-vous pour faire accorder le piano. La femme dit : « On est le 9. Ah non, le 10 ! » Elle rit. Il y a plein de gens au monde pour qui il est indifférent qu'on soit le 9 ou le 10 avril.

Horreur de relire le « journal » des visites.

Je tourne dans la maison, je pense que je dois faire mon lit, faire à manger. Rien n'est nécessaire. Quand je m'assois à mon bureau, je ne peux écrire que là-dessus.

J'ai travaillé au jardin. C'est le moment où j'ai le plus oublié. Je grattais la terre, j'enlevais les mauvaises racines dans l'allée. Je suis dans le même temps que celui qu'il faisait lorsqu'elle était encore vivante, froid avec du brouillard.

Sans doute pourrais-je attendre avant d'écrire sur ma mère. Attendre de m'être évadée de ces jours. Mais ce sont eux la vérité, bien que je ne sache pas laquelle.

Quand j'écrivais sur elle après les visites, est-ce que ce n'était pas pour retenir la vie ?

vendredi 11

Je sais que je ne vais pas bien parce que je relis des copies d'étudiants deux ou trois fois avant de les comprendre.

Il va falloir que je raconte pour « mettre au-dessus de moi ». Je me suis rappelé qu'il y avait un dossier concernant les affaires de ma mère dans un tiroir de mon bureau. Je n'ai pas pu jeter tous les papiers, deux ou trois seulement. Il y avait le récépissé de sa demande de changement d'adresse d'Yvetot à Cergy de septembre 83 à septembre 84.

J'ai mal au ventre par intermittence, par exemple en découvrant ce récépissé. Je ne fais rien et pourtant je sais que je n'ai plus rien à attendre.

Je ne peux réellement lire que le journal.

Un jour, peut-être pourrai-je lire les notes écrites au retour des visites, elles m'apparaîtront dans une continuité, la vie et la mort. En ce moment, je suis dans la rupture, la coupure de lundi.

samedi 12

Dans une carte de condoléances d'une de ses amies d'Annecy : « C'est la vie ! » Je reste stupide devant cette expression.

La semaine dernière, je n'arrêtais pas de

vouloir, en voiture, arriver avant telle heure et, si oui, d'en déduire que telle chose m'arriverait. Je n'attends plus rien.

Comprendre vraiment cela : une femme qui avait perdu une petite fille de dix mois, dans le quartier de mon enfance, était allée chez le coiffeur l'après-midi.

Cette peur que j'ai de relire ce que j'ai écrit sur elle. Peur aussi de commencer à écrire sur l'inhumation, sur le dernier jour où je l'ai vue vivante.

Il y a deux jours que je ne peux pas rassembler, celui qui était pareil à tous les dimanches où j'allais la voir, et le lundi, dernier jour, jour de sa mort. La vie, la mort demeurent de chaque côté de quelque chose, disjoints.

Je suis dans la disjonction. Un jour, ce sera fini peut-être, tout sera lié, comme une histoire. Pour écrire, il faudrait que j'attende que ces deux jours soient fondus dans le reste de ma vie.

Je sais que je suis dans cet état parce que depuis deux ans et demi — c'était le jour où je l'ai trouvée endormie — j'ai désiré qu'elle vive. Je l'ai acceptée comme elle était, dans sa déchéance.

Maintenant le sens m'apparaît de ce jour-là. C'était le soir, en mai, il y avait du soleil. Elle était couchée, elle dormait. Mon enfance revenait, les dimanches après-midi où nous dormions ensemble. Et puis Sées, 1958, quand j'avais froid sur mon lit, obsédée par Claude G., et à cause de A. en 84. Un seul et même amour.

Au réveil, je « sais » que ma mère est morte. Tous les matins je sors de sa mort. Hier, je revoyais le type des pompes funèbres, à la tête un peu penchée par compassion professionnelle, avec une raie sur le côté.

dimanche 13

C'est toujours le froid. Hier, la neige. La même pensée au réveil.

Les premiers jours, je n'ai fait que pleurer sans pouvoir me retenir. Maintenant, cela survient brusquement, pour un détail, la vue d'un objet.

Aujourd'hui, c'est dimanche, pour la première fois je n'irai pas à l'hôpital vers deux ou trois heures.

J'avais acheté du forsythia au village.

Plus de peine au-dehors que dedans. Comme si au-dehors je la cherchais. Dehors, c'est le monde. Avant, elle était quelque part dans le monde.

Septembre 83, nous sommes ensemble dans son studio à classer et jeter des papiers avant son départ pour Cergy, chez moi. C'est donc déjà le début de la fin.

Ne pas pouvoir relire les pages d'avant.

Ne pas pouvoir non plus « écrire pour de vrai » sur elle.

J'ai essayé de me rappeler tout de la dernière visite que je lui ai faite, comme si je sauvais quelque chose.

lundi 14

Ce matin, il me semblait qu'elle était encore vivante. À la boulangerie, devant les gâteaux, « je n'ai plus besoin d'en acheter », comme « je n'ai plus besoin d'aller à l'hôpital ».

Penser à la chanson *Les roses blanches*, qui me faisait pleurer enfant. Je pleure à nouveau, à cela, cette chanson.

mercredi 16

Dès que je suis à mon bureau, seule, je suis de nouveau accablée. Je ne peux que parler d'elle, écrire quoi que ce soit d'autre est impossible.

La première fois que j'ai écrit « maman est morte ». L'horreur. Je ne pourrai jamais écrire ces mots dans une fiction.

dimanche 20

Regardé des photos d'elle, à cinquante ans. Sensation qu'elle est vivante, débordante, les cheveux blond-roux. Une photo en noir et blanc, et c'est comme si je voyais la photo en couleurs, avec du soleil.

Entre trois heures et quatre heures, j'ai eu envie de faire le récit de la dernière fois où je l'ai vue vivante, il y a juste deux semaines.

lundi 28

Me souvenir ce matin, à partir d'un mot lu dans une facture, « les eaux vannes », que je l'appelais Vanné, quand j'avais six, sept ans. Les larmes me viennent, c'est à cause du temps.

DU MÊME AUTEUR

Aux Éditions Gallimard

LES ARMOIRES VIDES (« Folio » n° 1600).

CE QU'ILS DISENT OU RIEN (« Folio » n° 2010).

LA FEMME GELÉE (« Folio » n° 181).

LA PLACE (« Folio » n° 1722 ; « Folio Plus » n° 25 avec un dossier réalisé par Marie-France Savéan ; « Folioplus classiques » n° 61, dossier réalisé par Pierre-Louis Fort, lecture d'image par Olivier Tomasini).

LA PLACE – UNE FEMME (« Foliothèque » n° 36, étude critique et dossier réalisés par Marie-France Savéan).

UNE FEMME (« Folio » n° 2121 ; « La Bibliothèque Gallimard » n° 88, accompagnement critique par Pierre-Louis Fort).

PASSION SIMPLE (« Folio » n° 2545).

JOURNAL DU DEHORS (« Folio » n° 2693).

« JE NE SUIS PAS SORTIE DE MA NUIT » (« Folio » n° 3155).

LA HONTE (« Folio » n° 3154).

L'ÉVÉNEMENT (« Folio » n° 3556).

LA VIE EXTÉRIEURE (« Folio » n° 3557).

SE PERDRE (« Folio » n° 3712).

L'OCCUPATION (« Folio » n° 3902).

L'USAGE DE LA PHOTO, en collaboration avec Marc Marie (« Folio » n° 4397).

LES ANNÉES (« Folio » n° 5000).

ÉCRIRE LA VIE (« Quarto »).

LE VRAI LIEU, entretiens avec Michelle Porte.

MÉMOIRE DE FILLE.

Aux Éditions Stock

L'ÉCRITURE COMME UN COUTEAU, entretiens avec Frédéric-Yves Jeannet (« Folio » n° 5304).

Aux Éditions Nil

L'AUTRE FILLE.

Aux Éditions des Busclats

L'ATELIER NOIR.

Aux Éditions du Mauconduit

RETOUR À YVETOT.

Aux Éditions du Seuil

REGARDE LES LUMIÈRES, MON AMOUR (« Folio » n° 6133, avec une postface inédite de l'auteur).

COLLECTION FOLIO

Dernières parutions

6149. Marcel Conche	*Épicure en Corrèze*
6150. Hubert Haddad	*Théorie de la vilaine petite fille*
6151. Paula Jacques	*Au moins il ne pleut pas*
6152. László Krasznahorkai	*La mélancolie de la résistance*
6153. Étienne de Montety	*La route du salut*
6154. Christopher Moore	*Sacré Bleu*
6155. Pierre Péju	*Enfance obscure*
6156. Grégoire Polet	*Barcelona !*
6157. Herman Raucher	*Un été 42*
6158. Zeruya Shalev	*Ce qui reste de nos vies*
6159. Collectif	*Les mots pour le dire. Jeux littéraires*
6160. Théophile Gautier	*La Mille et Deuxième Nuit*
6161. Roald Dahl	*À moi la vengeance S.A.R.L.*
6162. Scholastique Mukasonga	*La vache du roi Musinga*
6163. Mark Twain	*À quoi rêvent les garçons*
6164. Anonyme	*Les Quinze Joies du mariage*
6165. Elena Ferrante	*Les jours de mon abandon*
6166. Nathacha Appanah	*En attendant demain*
6167. Antoine Bello	*Les producteurs*
6168. Szilárd Borbély	*La miséricorde des cœurs*
6169. Emmanuel Carrère	*Le Royaume*
6170. François-Henri Désérable	*Évariste*
6171. Benoît Duteurtre	*L'ordinateur du paradis*
6172. Hans Fallada	*Du bonheur d'être morphinomane*
6173. Frederika Amalia Finkelstein	*L'oubli*

6174. Fabrice Humbert	*Éden Utopie*
6175. Ludmila Oulitskaïa	*Le chapiteau vert*
6176. Alexandre Postel	*L'ascendant*
6177. Sylvain Prudhomme	*Les grands*
6178. Oscar Wilde	*Le Pêcheur et son Âme*
6179. Nathacha Appanah	*Petit éloge des fantômes*
6180. Arthur Conan Doyle	*La maison vide* précédé du *Dernier problème*
6181. Sylvain Tesson	*Le téléphérique*
6182. Léon Tolstoï	*Le cheval* suivi d'*Albert*
6183. Voisenon	*Le sultan Misapouf et la princesse Grisemine*
6184. Stefan Zweig	*Était-ce lui ?* précédé d'*Un homme qu'on n'oublie pas*
6185. Bertrand Belin	*Requin*
6186. Eleanor Catton	*Les Luminaires*
6187. Alain Finkielkraut	*La seule exactitude*
6188. Timothée de Fombelle	*Vango, I. Entre ciel et terre*
6189. Iegor Gran	*La revanche de Kevin*
6190. Angela Huth	*Mentir n'est pas trahir*
6191. Gilles Leroy	*Le monde selon Billy Boy*
6192. Kenzaburô Ôé	*Une affaire personnelle*
6193. Kenzaburô Ôé	*M/T et l'histoire des merveilles de la forêt*
6194. Arto Paasilinna	*Moi, Surunen, libérateur des peuples opprimés*
6195. Jean-Christophe Rufin	*Check-point*
6196. Jocelyne Saucier	*Les héritiers de la mine*
6197. Jack London	*Martin Eden*
6198. Alain	*Du bonheur et de l'ennui*
6199. Anonyme	*Le chemin de la vie et de la mort*
6200. Cioran	*Ébauches de vertige*
6201. Épictète	*De la liberté*
6202. Gandhi	*En guise d'autobiographie*
6203. Ugo Bienvenu	*Sukkwan Island*
6204. Moynot – Némirovski	*Suite française*
6205. Honoré de Balzac	*La Femme de trente ans*

6206. Charles Dickens	*Histoires de fantômes*
6207. Erri De Luca	*La parole contraire*
6208. Hans Magnus Enzensberger	*Essai sur les hommes de la terreur*
6209. Alain Badiou – Marcel Gauchet	*Que faire ?*
6210. Collectif	*Paris sera toujours une fête*
6211. André Malraux	*Malraux face aux jeunes*
6212. Saul Bellow	*Les aventures d'Augie March*
6213. Régis Debray	*Un candide à sa fenêtre. Dégagements II*
6214. Jean-Michel Delacomptée	*La grandeur. Saint-Simon*
6215. Sébastien de Courtois	*Sur les fleuves de Babylone, nous pleurions. Le crépuscule des chrétiens d'Orient*
6216. Alexandre Duval-Stalla	*André Malraux - Charles de Gaulle : une histoire, deux légendes*
6217. David Foenkinos	*Charlotte*, avec des gouaches de Charlotte Salomon
6218. Yannick Haenel	*Je cherche l'Italie*
6219. André Malraux	*Lettres choisies 1920-1976*
6220. François Morel	*Meuh !*
6221. Anne Wiazemsky	*Un an après*
6222. Israël Joshua Singer	*De fer et d'acier*
6223. François Garde	*La baleine dans tous ses états*
6224. Tahar Ben Jelloun	*Giacometti, la rue d'un seul*
6225. Augusto Cruz	*Londres après minuit*
6226. Philippe Le Guillou	*Les années insulaires*
6227. Bilal Tanweer	*Le monde n'a pas de fin*
6228. Madame de Sévigné	*Lettres choisies*
6229. Anne Berest	*Recherche femme parfaite*
6230. Christophe Boltanski	*La cache*
6231. Teresa Cremisi	*La Triomphante*

6232. Elena Ferrante — *Le nouveau nom. L'amie prodigieuse, II*
6233. Carole Fives — *C'est dimanche et je n'y suis pour rien*
6234. Shilpi Somaya Gowda — *Un fils en or*
6235. Joseph Kessel — *Le coup de grâce*
6236. Javier Marías — *Comme les amours*
6237. Javier Marías — *Dans le dos noir du temps*
6238. Hisham Matar — *Anatomie d'une disparition*
6239. Yasmina Reza — *Hammerklavier*
6240. Yasmina Reza — *« Art »*
6241. Anton Tchékhov — *Les méfaits du tabac* et autres pièces en un acte
6242. Marcel Proust — *Journées de lecture*
6243. Franz Kafka — *Le Verdict – À la colonie pénitentiaire*
6244. Virginia Woolf — *Nuit et jour*
6245. Joseph Conrad — *L'associé*
6246. Jules Barbey d'Aurevilly — *La Vengeance d'une femme* précédé du *Dessous de cartes d'une partie de whist*
6247. Victor Hugo — *Le Dernier Jour d'un Condamné*
6248. Victor Hugo — *Claude Gueux*
6249. Victor Hugo — *Bug-Jargal*
6250. Victor Hugo — *Mangeront-ils ?*
6251. Victor Hugo — *Les Misérables. Une anthologie*
6252. Victor Hugo — *Notre-Dame de Paris. Une anthologie*
6253. Éric Metzger — *La nuit des trente*
6254. Nathalie Azoulai — *Titus n'aimait pas Bérénice*
6255. Pierre Bergounioux — *Catherine*
6256. Pierre Bergounioux — *La bête faramineuse*
6257. Italo Calvino — *Marcovaldo*
6258. Arnaud Cathrine — *Pas exactement l'amour*
6259. Thomas Clerc — *Intérieur*
6260. Didier Daeninckx — *Caché dans la maison des fous*
6261. Stefan Hertmans — *Guerre et Térébenthine*

6262. Alain Jaubert — *Palettes*
6263. Jean-Paul Kauffmann — *Outre-Terre*
6264. Jérôme Leroy — *Jugan*
6265. Michèle Lesbre — *Chemins*
6266. Raduan Nassar — *Un verre de colère*
6267. Jón Kalman Stefánsson — *D'ailleurs, les poissons n'ont pas de pieds*
6268. Voltaire — *Lettres choisies*
6269. Saint Augustin — *La Création du monde et le Temps*
6270. Machiavel — *Ceux qui désirent acquérir la grâce d'un prince...*
6271. Ovide — *Les remèdes à l'amour* suivi de *Les Produits de beauté pour le visage de la femme*
6272. Bossuet — *Sur la brièveté de la vie* et autres sermons
6273. Jessie Burton — *Miniaturiste*
6274. Albert Camus – René Char — *Correspondance 1946-1959*
6275. Erri De Luca — *Histoire d'Irène*
6276. Marc Dugain — *Ultime partie. Trilogie de L'emprise, III*
6277. Joël Egloff — *J'enquête*
6278. Nicolas Fargues — *Au pays du p'tit*
6279. László Krasznahorkai — *Tango de Satan*
6280. Tidiane N'Diaye — *Le génocide voilé*
6281. Boualem Sansal — *2084. La fin du monde*
6282. Philippe Sollers — *L'École du Mystère*
6283. Isabelle Sorente — *La faille*
6285. Jules Michelet — *Jeanne d'Arc*
6286. Collectif — *Les écrivains engagent le débat. De Mirabeau à Malraux, 12 discours d'hommes de lettres à l'Assemblée nationale*
6287. Alexandre Dumas — *Le Capitaine Paul*
6288. Khalil Gibran — *Le Prophète*

6289.	François Beaune	*La lune dans le puits*
6290.	Yves Bichet	*L'été contraire*
6291.	Milena Busquets	*Ça aussi, ça passera*
6292.	Pascale Dewambrechies	*L'effacement*
6293.	Philippe Djian	*Dispersez-vous, ralliez-vous !*
6294.	Louisiane C. Dor	*Les méduses ont-elles sommeil ?*
6295.	Pascale Gautier	*La clef sous la porte*
6296.	Laïa Jufresa	*Umami*
6297.	Héléna Marienské	*Les ennemis de la vie ordinaire*
6298.	Carole Martinez	*La Terre qui penche*
6299.	Ian McEwan	*L'intérêt de l'enfant*
6300.	Edith Wharton	*La France en automobile*
6301.	Élodie Bernard	*Le vol du paon mène à Lhassa*
6302.	Jules Michelet	*Journal*
6303.	Sénèque	*De la providence*
6304.	Jean-Jacques Rousseau	*Le chemin de la perfection vous est ouvert...*
6305.	Henry David Thoreau	*De la simplicité !*
6306.	Érasme	*Complainte de la paix*
6307.	Vincent Delecroix/ Philippe Forest	*Le deuil. Entre le chagrin et le néant*
6308.	Olivier Bourdeaut	*En attendant Bojangles*
6309.	Astrid Éliard	*Danser*
6310.	Romain Gary	*Le Vin des morts*
6311.	Ernest Hemingway	*Les aventures de Nick Adams*
6312.	Ernest Hemingway	*Un chat sous la pluie*
6313.	Vénus Khoury-Ghata	*La femme qui ne savait pas garder les hommes*
6314.	Camille Laurens	*Celle que vous croyez*
6315.	Agnès Mathieu-Daudé	*Un marin chilien*
6316.	Alice McDermott	*Somenone*
6317.	Marisha Pessl	*Intérieur nuit*
6318.	Mario Vargas Llosa	*Le héros discret*
6319.	Emmanuel Bove	*Bécon-les-Bruyères* suivi du *Retour de l'enfant*
6320.	Dashiell Hammett	*Tulip*
6321.	Stendhal	*L'abbesse de Castro*

6322. Marie-Catherine Hecquet	*Histoire d'une jeune fille sauvage trouvée dans les bois à l'âge de dix ans*
6323. Gustave Flaubert	*Le Dictionnaire des idées reçues*
6324. F. Scott Fitzgerald	*Le réconciliateur* suivi de *Gretchen au bois dormant*
6325. Madame de Staël	*Delphine*
6326. John Green	*Qui es-tu Alaska ?*
6327. Pierre Assouline	*Golem*
6328. Alessandro Baricco	*La Jeune Épouse*
6329. Amélie de Bourbon Parme	*Le secret de l'empereur*
6330. Dave Eggers	*Le Cercle*
6331. Tristan Garcia	*7. romans*
6332. Mambou Aimée Gnali	*L'or des femmes*
6333. Marie Nimier	*La plage*
6334. Pajtim Statovci	*Mon chat Yugoslavia*
6335. Antonio Tabucchi	*Nocturne indien*
6336. Antonio Tabucchi	*Pour Isabel*
6337. Iouri Tynianov	*La mort du Vazir-Moukhtar*
6338. Raphaël Confiant	*Madame St-Clair. Reine de Harlem*
6339. Fabrice Loi	*Pirates*
6340. Anthony Trollope	*Les Tours de Barchester*
6341. Christian Bobin	*L'homme-joie*
6342. Emmanuel Carrère	*Il est avantageux d'avoir où aller*
6343. Laurence Cossé	*La Grande Arche*
6344. Jean-Paul Didierlaurent	*Le reste de leur vie*
6345. Timothée de Fombelle	*Vango, II. Un prince sans royaume*
6346. Karl Ove Knausgaard	*Jeune homme, Mon combat III*
6347. Martin Winckler	*Abraham et fils*

Impression Novoprint
le 28 février 2018
Dépôt légal : février 2018
1er dépôt légal dans la collection : janvier 1999

ISBN 978-2-07-040716-3./Imprimé en Espagne.

336414